Die tollsten Attraktionen für Kinder

Junge Forscher im Erlebniszentrum Naturgewalten am Lister Hafen

Gut zu wissen

St. Peter-Ording bietet Strandläufern viele Möglichkeiten

Was Sie wissen sollten

Diese Zeichen und Symbole begleiten Sie durch das ganze Buch und geben Ihnen besondere Informationen:

Die Mini-Karte von der Nordseeküste mit dem dicken roten, grünen oder blauen Punkt zeigt Ihnen auf einen Blick, an welchem Ort sich die jeweilige Adresse befindet.

Infos zur Region oder spezielle Empfehlungen für die Eltern gibt's in den grünen Kästen.

In den orangefarbenen Kästen stehen tolle Tipps oder Geschichten für Kinder.

Regionale kulinarische Genüsse oder ein Restaurant, in dem auch Ihre Kinder auf ihre Kosten kommen, finden Sie in den blauen Kästen.

Unsere Autorin Kerstin Gonsior lebt als freie Redakteurin und Lektorin in Hamburg. Gemeinsam mit ihrem Mann und ihren beiden Kindern Mia (7) und Niklas (2) geht sie in ihrer Freizeit gern im Norden Deutschlands auf Entdeckungstour. Dabei hat sie auch die Westküste Schleswig-Holsteins auf Familientauglichkeit geprüft und in diesem Reiseführer die besten Tipps und Adressen für den Urlaub mit Kindern zusammengetragen.

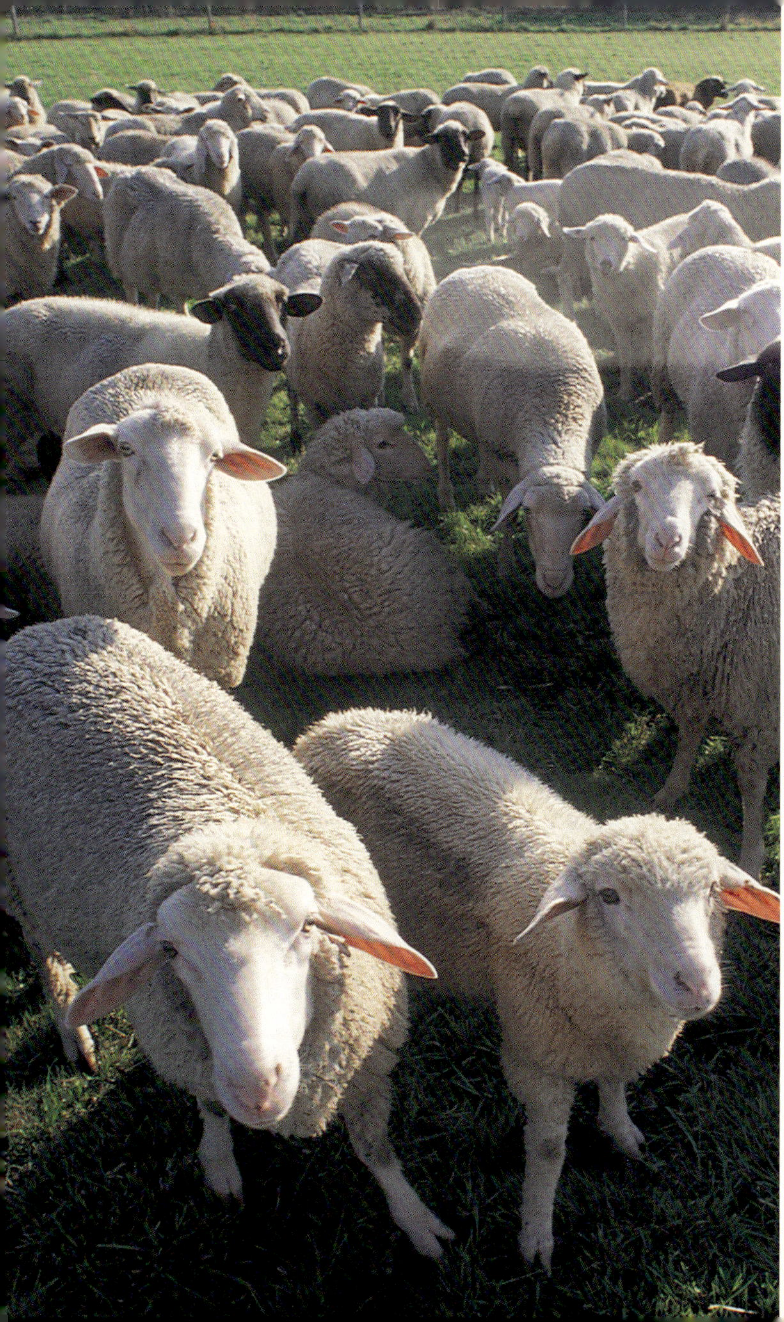

DIE NORDSEEKÜSTE FÜR ELTERN UND KINDER

Die Nordseeküste entdecken

Barfuß über den Meeresboden laufen, Vögel und Seehunde beobachten, am Strand baden und buddeln, eine Piratenfahrt auf hoher See erleben, über grüne Deiche radeln, gemütliche Dörfer und Städte erkunden … – willkommen an der Nordseeküste Schleswig-Holsteins! Im nördlichsten Bundesland kommt garantiert jeder auf seine Kosten, egal, ob man nur faulenzen und entspannen, Natur und Kultur erleben oder sportlich aktiv werden möchte. Und gesunde Luft, wie mit Tusche gemalte Landschaften und die unendliche Weite, die den Blick zum Horizont erlaubt, gibt es dazu.

Ferien am Weltnaturerbe

2009 nahm die UNESCO den Nationalpark Schleswig-Holsteinisches Wattenmeer in die Liste des Welterbes auf, auf der auch Berühmtheiten wie das Great Barrier Reef oder der Grand Canyon stehen. Nirgendwo sonst hat sich unter dem Einfluss der Naturkräfte eine vielfältigere Landschaft entwickelt: Grüne Deiche mit wolligen Schafen und blühende Salzwiesen wechseln sich ab mit weiten weißen Sandstränden und hohen Dünen. Wo gerade noch hohe Wellen gegen den Strand brandeten, herrscht plötzlich Ruhe. Die Wasseroberfläche wirkt glatt wie ein Spiegel, die dunklen Wolken sind wie weggewischt, und die Farben strahlen in einem besonderen Licht. Zweimal am Tag gibt die Nordsee den Blick frei auf den Meeresgrund, auf dem sich allerhand Leben tummelt. Wissbegierige Kinder werden viele „Warum"-Fragen stellen. Gut, dass es überall Natur- und Infozentren gibt,

Ein Spaziergang im Watt kann ein schlickeriges Unterfangen sein

wie das Multimar Wattforum in Tönning
(siehe S. 91), die erläutern, welchen Na-
turgesetzen die Gezeiten folgen, und die
über die rund 10.000 Tier- und Pflan-
zenarten des Lebensraums Wattenmeer
informieren. Dem Wappentier der Nordseeküste, dem Seehund, begegnet man
in der Seehundstation Friedrichskoog
oder bei einer Fahrt mit dem Ausflugs-
schiff. Eine Wattwanderung ist für ältere
Kids ein Erlebnis, den Lütten genügt es
meist, im Schlick zu matschen.

Mensch und Meer

Durch Wind, Wellen und Gezeiten
verändert die Küstenlinie ständig ihr
Gesicht. Das bedeutet für den Küstenschutz eine stetige Herausforderung.
Auf Sylt etwa werden pro Jahr rund eine
Million Kubikmeter Sand für über 6 Mio.
Euro wieder aufgespült. Vor nicht allzu
langer Zeit führten große Sturmfluten
wie die verheerenden „Mandränken"
von 1362 und 1634 dazu, dass die ersten
Halligen entstanden und Alt-Nordstrand
in die Inseln Nordstrand und Pellworm
sowie die Halligen Südfall und Nordstrandischmoor zerrissen wurde. In
Büsum informiert die Sturmflutenwelt
„Blanker Hans" (siehe S. 89) und in List
das Erlebniszentrum Naturgewalten (siehe S. 99) über diese Naturkatastrophen,
die seit jeher das Leben an der Küste prägen. Nicht von ungefähr besinnen sich
ihre Bewohner gern auf alte Traditionen,
die in harten Zeiten für einen starken
Zusammenhalt der Gemeinschaft
sorgten. Die weite Kooglandschaft mit
den unzähligen Entwässerungsgräben,
Binnen- und Außendeichen zeugt noch
heute von den Mühen, der gefräßigen
See Land abzutrotzen.

Weltnaturerbe-Knigge

Urlauber im Weltkulturerbe Wattenmeer merken kaum etwas von den Beschränkun-gen, die zum Schutz der Natur nötig sind. Ein paar Regeln gibt es: Beachten Sie Schilder, die geschützte Gebiete bezeichnen, und stören Sie die Tiere nicht unnötig. Muschelsammeln ist erlaubt, Blumenpflücken nur in begrenztem Maß und mit Ausnahme von z. B. Strand-nelke und -flieder (falls Sie nicht wissen, wie diese Pflanzen aussehen, verzichten Sie aufs Blumenpflücken oder erkundi-gen Sie sich im nächsten Info-zentrum). Hunde sind an der Leine zu führen. Nehmen Sie alles wieder mit, was Sie in den Nationalpark hineingetragen haben. Vogelgruppen dürfen Sie sich nur bis auf 300 Meter nähern, Boote müssen zu Meeressäugern oder Vogel-schwärmen mind. 500 Meter Abstand halten. Zu einer Wattwanderung sollten Sie zu Ihrer eigenen Sicherheit niemals ohne ortskundigen Führer auf-brechen. Wer Genaueres über das Weltnaturerbe Wattenmeer und den Naturschutz erfahren möchte, erkundigt sich bei der Nationalparkverwaltung Schles-wig-Holsteinisches Wattenmeer, Info-Tel. 04861-962 00, natio nalpark@lkn.landsh.de, www. nationalpark-wattenmeer.de.

Gewusst?

Das nördlichste Bundesland ist 15.799,38 Quadratkilometer groß und hat rund 2.832.230 Einwohner. Von den 110.900 Einwohnern im Reisegebiet Nordsee verdienen 41.600 Personen ihren Lebensunterhalt mit dem Tourismus. 260.000 Schafe bestimmen das Landschaftsbild. 536 km lang ist die Westküste, 408 km werden durch Deiche geschützt. Es gibt sechs Inseln, zehn Halligen und 13 Sprachen: Hochdeutsch, Plattdeutsch, Dänisch und zehn friesische Hauptdialekte.

Windräder, Wald und grüne Deiche

Begrenzt von Elbe, Eider, Nord-Ostsee-Kanal und der Nordsee liegt die „Insel" Dithmarschen. Der jüngste Koog der weiten Marschlandschaft ist gerade mal 30 Jahre alt. Dithmarschen ist Deutschlands „Kohlkammer", rund 80 Millionen Kohlköpfe werden jährlich geerntet. Im Land der Windmühlen entstand in den 1950er-Jahren die erste Windkraftanlage Deutschlands, heute thronen die weißen Giganten überall an der Küste und auf den Inseln. In Friedrichskoog und Büsum laden Strandkörbe am Deich ein, den Alltag hinter sich zu lassen. Lohnendes Ausflugsziel ist Brunsbüttel an der Mündung des Nord-Ostsee-Kanals. Die mächtigen Schleusen beeindrucken nicht nur Technikfans. Kanalaufwärts liegt Burg auf dem Rücken der Geest.

Im hiesigen Museum erfährt man alles über die Geschichte des Waldes, der einst das „Land zwischen den Meeren" überzog. Nicht zu vergessen das gemütliche Meldorf und die „Metropole" Dithmarschens, Heide, mit dem größten unbebauten Marktplatz Deutschlands. Noch heute verkünden zahlreiche Flaggen und Wappen an den Gebäuden, wie stolz die Dithmarscher auf ihre Vergangenheit als freie „Bauernrepublik" sind, die sich 200 Jahre lang gegen Könige und Adel behaupten konnte.

Weite Strände und bunte Städte

Der Küste weiter nach Norden folgend passiert man den größten Bau des deut-

Nis Puk

Nis Puk ist der Name des netten friesischen Hausgeists, der auf dem Dachboden lebt, etwa die Größe einer Unterarmlänge hat und für Erwachsene dank seiner Zaubermütze unsichtbar ist. Wenn man ihn gut behandelt und ihm Grütze mit Butter hinstellt, hilft er bei der Arbeit und schlichtet Streitigkeiten. Ist Nis Puk jedoch verärgert, kann es passieren, dass er Sachen versteckt oder Leitersprossen ansägt. Der Sylter Schriftsteller Boy Lornsen, auch bekannt für „Robbi, Tobbi und das Fliewatüüt", erzählt in vielen seiner Kinderbücher abenteuerliche Geschichten um Nis und andere Puken.

Typisch für St. Peter-Ording sind die Pfahlbauten am Strand

schen Küstenschutzes, das Eidersperrwerk, Tor zur nordfriesischen Halbinsel Eiderstedt mit ihren riesigen Bauernhäusern, den Haubargen und den 18 Kirchen. Für Kinder – und Windsportler – spannender ist der breite Sandstrand von St. Peter-Ording. In der idyllischen Landschaft um Eider und Treene lädt das Holländerstädtchen Friedrichstadt zu lustigen Grachtenfahrten ein. Viel zu sehen gibt es auch im geschäftigen Husum. Die Heimatstadt Theodor Storms ist gar nicht so grau, wie von dem Dichter einst beschrieben, sondern bunt mit ihrem schmucken Hafen, dem Schloss und zahlreichen Museen, in denen viel für große und kleine Urlauber

geboten wird. Ganz oben im Norden lohnt ein Abstecher an die Wirkungsstätte des bedeutendsten Künstler der Nordseeküste: Emil Nolde, der in seinen Bildern die Schönheit und Stimmung der Landschaft einzufangen wusste.

Inselträume

Und dann gibt es noch die Inseln: Wer auf Action verzichten kann, besucht die Heimatinsel von James Krüss. 70 Kilometer vom Festland entfernt liegt Helgoland – mehr Abstand vom Alltag geht nicht, vorausgesetzt man zieht sich auf die Badedüne zurück, wenn Tausende shoppinglustiger Tagestouristen den roten Fels stürmen. Beschaulich

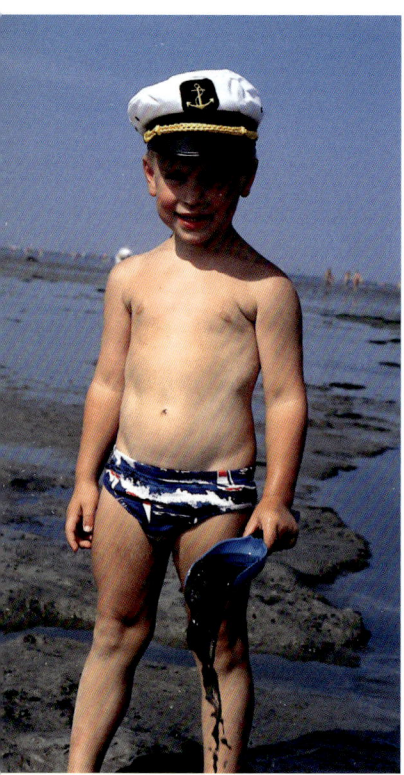

Das Watt: auch gut zum Matschen und Buddeln geeignet

der Kniepsand, ist so unglaublich groß, dass Kinder die gigantische „Sandkiste" am liebsten gar nicht mehr verlassen möchten. Wer mehr Trubel erleben will, für den ist das schicke Sylt eine vielseitige Alternative. Strände für jeden Geschmack gibt es im lebhaften Westerland, im familiären Wenningstedt oder am Hörnumer Oststrand an der ruhigen Wattseite der Insel.

Sie merken: Angesichts der Vielfalt der Nordseeküste Schleswig-Holsteins fällt die Entscheidung für einen Ferienort nicht leicht. Doch egal, wohin es Sie zieht, eins können wir versprechen: Wer einmal Nordseeluft geschnuppert hat, wird immer wiederkommen.

geht es auf den grünen Marscheninseln Pellworm und Nordstrand zu, ideal für alle, die viel radeln, skaten und die Natur genießen wollen. Eine wahre Familieninsel ist Föhr, wo die vielen Angebote für den Nachwuchs die schönen weißen Strände fast in Vergessenheit geraten lassen. Das kann auf der kleineren Schwesterinsel Amrum nicht passieren: Die vorgelagerte Sandbank,

Wunnerland Schleswig-Holstein

In der Kampagne **Wunnerland** der Tourismus-Agentur Schleswig-Holstein (siehe S. 104) dreht sich alles um gelungene Familienferien. Zahlreiche Unterkünfte, Gastronomen und Freizeitanbieter wurden auf Kindertauglichkeit geprüft und tragen das „Wunnerland"-Siegel. Auf der Seite www.wunnerland. de bzw. www.sh-tourismus. de können Sie alle Angebote abrufen. Zudem verschickt die Tourismus-Agentur einen Kinderpass mit Vergünstigungen bei vielen Attraktionen sowie die Faltkarte „Wunnerland" mit den familienfreundlichen Freizeiteinrichtungen in Schleswig-Holstein (auch als Download).

Was Eltern wissen sollten

Wer an der Nordseeküste Urlaub macht, muss sich nicht großartig umstellen. In den Supermärkten findet man alle gängigen Markenartikel, von Babynahrung bis zu Pflegeprodukten, und auch in den kleineren Orten, auf Campingplätzen, Inseln und Halligen gibt es zumindest einen Kiosk oder Tante-Emma-Laden, der Urlauber mit dem Wichtigsten versorgt. Sprachliche Barrieren sind ebenfalls nicht zu erwarten. Auch wenn z. B. das Dithmarscher Platt oder die zehn friesischen Dialekte an der Küste und auf den Inseln, wie das Öömrang auf Amrum oder das Söl'ring auf Sylt, für manche Urlauberohren sehr exotisch klingen, alle Einheimischen sprechen natürlich auch Hochdeutsch.

Luft

Es ist die Mischung, die das gesunde, immunsystemstärkende Reizklima der

Quallen

In heißen Sommern tauchen manchmal Quallen an der Nordseeküste auf, meist handelt es sich um harmlose, durchsichtige Ohrenquallen. Eine Begegnung mit den roten oder gelben Feuer- und blauen Nesselquallen ist dagegen schmerzhaft: Bei Hautkontakt kommt es zu Rötungen und Brennen. Wer auf Nummer sicher gehen möchte, packt in die Badetasche eine kleine Flasche Essig oder Rasierschaum, um im Fall des Falles die reizenden Giftstoffe zu neutralisieren. Bei Unwohlsein oder allergischen Reaktionen sofort einen Arzt aufsuchen.

Bewährt als Sonnen- und Windschutz hat sich der Strandkorb

Küste ausmacht: Die Nordseeluft ist sehr salzhaltig, rein und pollenarm, hinzu kommt die hohe Lichtintensität, denn die Wasserfläche wirkt wie ein großer Spiegel. Menschen mit Atemwegs- und Hauterkrankungen wird daher der Aufenthalt an der Nordseeküste empfohlen – nicht umsonst gibt es hier zahlreiche Kurkliniken. Überhaupt ist hier eine flächendeckende medizinische Versorgung gewährleistet, die Adressen von Ärzten, Apotheken und anderen wichtigen Institutionen sind in den Infobroschüren der Tourist-Infos verzeichnet (siehe S. 104).

Gerade kleinere Kinder brauchen ein paar Tage, um sich an das Klima zu gewöhnen, wundern Sie sich aber nicht, wenn die Kleinen danach wie ein Stein schlafen. Aufgrund der hohen Sonneneinstrahlung ist das Verwenden von Sonnencreme in Wassernähe selbstverständlich, für zarte Kinderhaut empfiehlt sich ein besonders hoher Lichtschutzfaktor. Zudem sind für Babys und Kleinkinder ein Sonnenhütchen und ein Badeshirt, evtl. mit UV-Schutz, angebracht.

Wasser

Die Wasserqualität an den bewachten Badestellen und Stränden wird von Juni bis Mitte September regelmäßig kontrolliert. Tafeln und Aushänge informieren vor Ort über die Ergebnisse. Bereits vor Beginn der Badesaison führen die Gesundheitsbehörden Kontrollen durch, um ungetrübten Badespass zu gewährleisten. Zudem findet sich an Stränden, die eine hervorragende Wasserqualität aufweisen und wo die Gemeinden deutlich mehr in Qualitätssicherung und -prüfung investieren, als die EG-Badegewäs-

Küstenschnack

Blanker Hans: *seit der frühen Neuzeit wird die aufgewühlte Nordsee bei Sturmflut so genannt;* **Buhne:** *rechtwinklig zum Strand ins Meer gebauter Wall, der als Wellenbrecher dient;* **Gezeiten/Tide:** *die durch die Anziehungskraft von Sonne und Mond entstehende Wasserbewegung. Ablaufendes Wasser nennt man Ebbe, auflaufendes Flut, der Abstand zwischen Niedrig- und Hochwasser beträgt 6 Stunden und 12,5 Minuten;* **Koog:** *rundum eingedeichtes Marschland, das dem Meer abgetrotzt wurde;* **Priel:** *natürliche Wasserläufe im Watt und in den Salzwiesen, durch die das Wasser ab- oder aufläuft;* **Siel:** *verschließbarer Durchlass im Deich, dient der Entwässerung des dahinter gelegenen Landes;* **Stöpe:** *Öffnung im Deich für einen Weg oder eine Straße, kann mithilfe von Toren oder Balken und Sandsäcken geschlossen werden;* **Warft:** *künstlich aufgeschüttete Hügel, auf denen Häuser stehen.*

serrichtlinie fordert, die Tafel „Gesundes Baden im Meer". An diesen Badestellen werden in der Saison 14-tägig Proben genommen, zusätzlich werden Luft- und Wassertemperatur, pH-Wert, Leitfähigkeit und Sichttiefe gemessen. Eine Liste dieser Strände sowie Infos zur Wasserqualität aller ausgewiesenen Badestellen inkl. Kurzbeschreibung finden Sie unter www.badewasserqualitaet.schleswig-holstein.de.

Badefreuden

Die Nordsee ist kein Baggersee, auch im scheinbar ruhigen Meer können Strömungen entstehen, oder es gibt Buhnenreste, deren scharfe Kanten unter Wasser nicht zu sehen sind. Auf riskante Stellen weisen in der Regel Schilder hin. Wer mit Kindern reist, wählt am besten die Badestrände, die in der Saison von Rettungsschwimmern überwacht werden. Diese leisten im Notfall Erste Hilfe und machen auf Gefahren aufmerksam. Um zu vermeiden, dass das Wasser gerade weg ist, wenn Sie sich in die Fluten stürzen wollen, sollten Sie sich in der Tourist-Info den kostenlosen Tidenkalender besorgen, der über die täglichen Hoch- und Niedrigwasserstände (Ebbe bzw. Flut) informiert. Beste Badezeit ist zwei Stunden vor bis zwei Stunden nach Hochwasser. An allen Stränden gibt es Duschen, um das Salzwasser oder den Schlick abzuspülen, die Badesachen am besten zu Hause kurz auswaschen, da das Salz auf Dauer das Gewebe angreift.

Quartiersuche & Co

Wer in der Hauptsaison verreisen möchte, sollte sein Traumurlaubsdomizil schon mindestens ein Jahr im Voraus suchen und buchen, denn die besten Quartiere sind heiß begehrt. Bei Kurztrips werden in den meisten Fällen Aufschläge fällig, manche Vermieter lassen sich in der Hauptsaison gar nicht auf eine Vermietung unter einer Woche ein. Viele Tourist-Infos bemühen sich, diese Marktlücke zu füllen, und bieten

attraktive Kurzreisen für Familien an. In den Gästeverzeichnissen wird auf eine evtl. vorhandene Kinderausstattung mit Hochstühlen oder Betten hingewiesen, auf Nachfrage stellen Vermieter auch weitere praktische Dinge wie Fläschchenwärmer, Leihbuggy oder Bollerwagen bereit (siehe auch S. 108-111). Auch im Hochsommer empfiehlt es sich, neben T-Shirts und kurzen Hosen warme Kleidung, Regenjacken, Matschhosen und Gummistiefel einzupacken, denn mit ein paar Regentagen ist zu rechnen.

Alle Ferienorte sind bestens auf Familien mit Kindern eingestellt: An den Stränden gibt es meist Spielgeräte und Kinderanimation. Zudem wird ein tolles Programm für Kinder aller Altersstufen, vom Bastelnachmittag bis zur Wattexkursion, auf die Beine gestellt. Mancherorts finden sich Spielhäuser, die allerhand Aktivitäten bieten. Viele Angebote können ältere Kids allein besuchen, d. h., die Eltern dürfen sich auf ein paar Stunden ungestörter Zweisamkeit freuen.

Für sicheren Badespaß sorgen Rettungsschwimmerstationen

Essen & Trinken

Die Küche der Westküste Schleswig-Holsteins ist nichts für Kalorienzähler – auf den Tisch kommt Deftig-Rustikales wie Grützen, Mehlspeisen, Eintöpfe, Geräuchertes vom Schwein, Wurst, Schmalz, Kohl, aber auch Käse, Kartoffeln, Gemüse, Obst und natürlich Fisch. Und keine Bange, auch wählerische Sprösslinge werden satt, denn alle Gastronomen haben gängige Klassiker wie Fischstäbchen, Pommes, Schnitzel und Nudeln auf der Karte oder gehen individuell auf die Wünsche kleiner Feinschmecker ein.

Traditionelles und Kreatives

Zugegeben, Labskaus oder Buttermilchsuppe mit Klößen muten auf den ersten Blick ein wenig seltsam an. Aber wer mutig probiert, wird in den meisten Fällen positiv überrascht. Die Sitte, Süßes und Herzhaftes zu kombinieren, wird auch hierzulande gepflegt: etwa Räucherspeck, gekocht mit Bohnen und fast reifen Birnen, genannt „Gröner Hein",

Besonders delikat: frische Krabben

Sauerfleisch oder Dithmarscher Mehlbüddel. Der fast kindskopfgroße Mehlkloß wird in der deftigen Variante mit Rosinen und klein geschnittener, geräucherter Schweinebacke zubereitet, in ein Tuch geknotet und im Wasserbad gegart. Dazu werden Kirschsauce und weitere Scheiben des Räucherfleischs gereicht. Einheimischen wie Gästekindern schmeckt meist die süße Version ohne Rosinen und Schweinebacke besser. Von Ende April bis Oktober kann man übrigens für wenig Geld raffinierte Gerichte aus regionaltypischen Zutaten testen. Im Rahmen des Wettbewerbs um den „Nordseeteller" bieten viele Restaurants köstliche Kreationen zu einem Preis von € 9,50 bzw. € 12,50 an (Infos: Nordsee-Tourismus-Service, S. 104).

Fisch und andere Meerestiere

Ob gedünstet, gebraten, eingelegt oder geräuchert: Auf jeder Speisekarte an der Nordseeküste stehen Fischgerichte auf der Karte, meist in Begleitung von Bratkartoffeln mit Speck oder für Kids Pommes. Fischliebhaber kommen bei Pannfisch, süßsaurem Matjes mit Stippe oder Scholle Büsumer Art mit Krabben voll auf ihre Kosten. Apropos Krabben: Sie gehören für die meisten Urlauber zur Nordsee wie Wind, Wellen und Gezeiten. In manchen Häfen kann man die schmackhaften Nordseegarnelen direkt vom Kutter kaufen. Anschließend pulen und gleich aufessen lassen – das macht auch Kindern Spaß. Zwar gibt es mittlerweile Betriebe mit Pulmaschinen, doch machen die meisten Krabben noch

Gesundes Fast Food an der Küste: Fischbrötchen

einen Umweg über Marokko, Polen oder Russland. Bleibt zu hoffen, dass sich das ändert, nachdem Ende 2010 das Krabbenpulzentrum in Cuxhaven seinen Betrieb aufgenommen hat.

Ein anderes Mitglied der Familie Krabbe ist der Taschenkrebs. Er wird rund um Helgoland in Massen gefischt, und das eiweißhaltige Muskelfleisch seiner Scheren, die sog. Knieper, gilt auf dem roten Felsen als Spezialität. Seit sich die Biologische Anstalt auf Helgoland um Aufzucht und Erhalt des berühmten Helgoländer Hummers bemüht, ist er auch wieder vereinzelt auf den Speisekarten der Insel zu finden. Ein reines „Zuchttier" ist die Sylter Auster, die seit 1986 vor Sylt kultiviert wird. Auch auf dem Festland ist sie erhältlich – und wer auf den Geschmack gekommen ist, kann sie sich auch nach Hause schicken lassen. Und dann gibt es natürlich noch in jedem Ferienort die Fischwagen oder Imbisse, die leckere Fischbrötchen in

der Auslage haben. Mit Backfisch oder Fischfrikadelle sind meist auch Kinder zu begeistern, alternativ gibt es aber immer auch Currywurst oder Pommes rot-weiß. Eine gute und preiswerte Sache für alle, die einen Erlebnistag an der Küste nicht wegen eines langwierigen Mittagessens unterbrechen möchten.

Fleisch & Co

Neben Schnitzel, Schweinebraten oder im Herbst Wild sind viele Lammgerichte auf den Speisekarten der Nordseeküste „heimisch". Besonders delikat ist das Fleisch der Salzwiesenlämmer, die auf den Wiesen im Vorland der Deiche aufwuchsen. Im Frühsommer, wenn die ersten Lämmer geboren werden, feiert ganz Nordfriesland die „Nordfriesischen Lammtage" (siehe S. 115). Vermehrt werden an der Küste auch robuste Galloway-Rinder gehalten, die fast das ganze Jahr über auf der Weide bleiben. Die Kälber werden mit Muttermilch aufgezogen, wodurch das Fleisch sehr schmackhaft wird (siehe Kasten S. 112). In der Spargelsaison werden die zarten Stangen vom lang gereiften Holsteiner Schinken begleitet, und im Herbst/Winter gibt's viel Grünkohl mit deftigem Speck, Kochwürsten und karamellisierten Kartoffeln.

Desserts und Kuchen

Fast überall steht die „rode Grütt", rote Grütze aus allerlei Beerenfrüchten, auf der Karte, dazu Vanillesauce oder Eis. Im Spätsommer auch Fliederbeersuppe, die oft mit Apfelstücken und Mehlklüten (Klößchen) serviert wird. Nachmittags locken u. a. die Friesentorte aus Blätterteig, Sahne und Pflaumenmus, köstliche Obstkuchen mit allem, was Bäume und Sträucher gerade tragen, Windbeutel oder Futtjes, in Butterschmalz ausgebackene Hefeteigbällchen.

Ko(h)lossal!

Europas größtes geschlossenes Kohlanbaugebiet widmet in Wesselburen seinem Exportschlager gleich ein ganzes Museum. Das **Kohlosseum** informiert über die Geschichte, den ökologischen Anbau und die gesundheitliche Wirkung des Gemüses. In der „Krautwerkstatt" wird demonstriert, wie Bio-Weißkohl geputzt, geschnitzelt, gesalzen, gestampft und vergoren wird. Kohl- und andere Spezialitäten gibt's im angeschlossenen Bauernmarkt. Bahnhofstr. 22a, 25764 Wesselburen, Tel. 04833-458 90, info@kohlosseum.de, www.kohlosseum.de. Kohlmuseum mit Krautwerkstatt; Di, Mi, Do 14-17 Uhr (Vorführung zu jeder vollen Std.), Erw. € 1,50, Kinder frei. Bauernmarkt: Mo-Fr 9-17, Sa 9-13 Uhr.

Alles Käse?

Schafe gibt's auf Eiderstedt fast so viele wie Einwohner, Milchschafe wie die von Familie Volquardsen sind aber eine Ausnahme. Im Hofladen der **Friesischen Schafskäserei** gibt es neben dem „frischen Friesen" oder dem „Tetenbüller" alles rund ums Schaf, von Wurst bis Wolle. Kirchdeich 8, 25882 Tetenbüll, Tel. 04862-348, info@friesische-schafskaeserei.de, www.friesische-schafskaeserei.de. Hofladen Mo-Sa 10-12, 14-18 Uhr, Führung Mai-Okt Di/Fr 15 Uhr, Juli/Aug auch Do, Erw. € 3,50, Kinder (6-16 J.) € 1,50.

Flüssige Begleitung

Zu einem herzhaft-rustikalen Essen passt am besten ein Bier und als Digestif ein Köm (Korn). Zu jeder Tageszeit trinkt man in Nordfriesland Tee mit Kandis, der gern mit einem Schuss Rum „verfeinert" und damit zum Teepunsch wird. An kalten Tagen wärmen Pharisäer, Kaffee mit Rum und Schlagsahne, Eiergrog, ein Gemisch aus Rum, Eiern, Zucker und heißem Wasser, und „Tote Tante", Kakao mit – Überraschung – Rum, Kinder trinken Letztere natürlich in der alkoholfreien Variante.

Friedrichskoog-Spitze

Wer in Friedrichskoog (siehe S. 32) an den Strand möchte, fährt vier Kilometer gen Westen zum Ortsteil Friedrichskoog-Spitze. Schon auf dem Weg vom Parkplatz kommen Ihnen Kinder und Erwachsene auf Kettcars entgegengeradelt – man merkt sofort: Friedrichskoog ist ein Familienbad [Verleih: Café Eiszeit, Koogstr. 134, 25718 Friedrichskoog, Tel. 04854-90 42 44. Z. B. 2 Zweisitzer inkl. 1 Eisbecher, pro Std. € 18]. Der Turm am Strandaufgang, von Juni bis August Stützpunkt der DRK-Rettungsschwimmer, ist nicht zu verfehlen. In Sichtweite liegt der **Familienstrand** am Gründeich mit Strandmuscheln und -körben. Letztere stehen immer offen, wer mag, nimmt Platz, und irgendwann kommt der Service zum Kassieren (€ 5/Tag). Über Treppen gelangt man ins flache Wasser bzw. bei Ebbe in den Schlick. Kinder erobern als Erstes die Rutsche am Ufer, die zum **Wattspielplatz** gehört. Da Toben und Matschen hungrig machen, finden sich gleich hinterm Deich Restaurants, Cafés und Läden.

Auch sonst kommt in Friedrichskoog keine Langeweile auf: Auf dem **Piratenspielplatz** beim Strandaufgang kann man ordentlich im Sand wühlen, Trampoline und ein Beachvolleyballfeld sind ebenfalls vorhanden. Im **Haus des Kurgastes** wird in der Kreativwerkstatt gebastelt und montags darf in der Holzwerkstatt gesägt und geschliffen werden [Tourismus-Service Friedrichskoog, Haus des Kurgastes, Koogstr. 141, 25718

In Friedrichskoog wird der Deich zum Strand umfunktioniert

Friedrichskoog, Tel 0800-202 00 60 (kostenl.), info@friedrichskoog.de, www. friedrichskoog.de. Ostern-Herbstferien Kreativwerkstatt Mo-Fr 10-12 Uhr, Holzwerkstatt Mo 14-16 Uhr, nur Materialkosten]. Und beim Kindermusikfestival im Juli sind alle Nachwuchsmusiker eingeladen, ihr Können auf einer echten Bühne zu zeigen. Apropos: Jeden Donnerstag im Juli und August steigt ab 18 Uhr im Park am Deich das „Festival am Deich" mit wechselnden Bands – inklusive Kinderdisco.

Anfahrt: *Pkw: B 5 zwischen Marne und Meldorf, in Krumwehl bzw. Trennewurth Richtung Friedrichskoog, am Ende der L 144. LVS: Nord-Ostsee-Bahn bis St. Michaelisdonn, dann Bus 2509 bis Marne, dann Bus 2510 bis Friedrichskoog-Spitze.*

Perlebucht/Büsum

Familien, die in Büsum Urlaub machen, pilgern bei Sonnenschein an die Perlebucht. Auf der künstlichen Sandbank (100.000 Quadratmeter!) wird es im Sommer dann auch richtig voll. In der Mitte wird die geschützte Bucht durch einen Fußgängerdamm geteilt. Im Nordbecken haben die Anfänger der **Wassersportschule** ihr Stehrevier, zudem kann man Tretboote, Kajaks und Paddelboards, sogenannte SUPs, mieten [Wassersportschule Büsum, Tel. 0172-672 70 87, info@wassersport-buesum. de, www.wassersport-buesum.de. Z. B. Schnupperkurse (2 Std.): Windsurfen (ab 7 J.) € 30, Segeln (8-14 J.) € 40; 20 Min. Tretboot € 5, SUPs ab € 5]. In der anderen Hälfte des flachen Beckens ist den ganzen Tag lang baden angesagt, ohne dass die Ebbe die Nordsee stiehlt – von Mai bis September unter Aufsicht der DLRG. Austoben können sich Kids auf den beiden **Spielplätzen** oder der **Trampolinanlage** [Happy Jump, Tel. 0179-128 63 92. Mai-Anf. Sep tgl. 10-22 Uhr, ab 2 J., 10 Min. € 2]. Fürs leibliche Wohl sorgt in der Saison der **Bistro-Wagen** bei der Wassersportschule.

Südöstlich von Bank und Bucht erstreckt sich der Gründeich, der sommers mit fast 2000 Strandkörben gepflastert ist. Wer Abwechslung sucht, der spaziert auf der Promenade bis zum Hauptstrandaufgang. Die Freitreppe geradeaus führt zur Strandallee, dem geschäftigen Mittelpunkt Büsums (siehe S. 37).

Romantisch: Sonnenuntergang über dem Gründeich von Büsum

Oben sind die Schlechtwetteralternativen versammelt: das Piratenmeer (siehe Kasten) und der **Mini-Maxi-Club** neben dem Gesundheitszentrum „Vitamaris". Fast jeden Vormittag werden hier Zwei- bis 13-Jährige betreut, nachmittags stehen Bastelstunden auf dem Programm [Südstrand 11, 25761 Büsum, Tel. 04834-90 91 19, info@buesum.de, www. buesum.de. Ende April-Anf. Sep und in den Ferien Mo-Fr 8.30-12.30 freie Spielzeit, kostenlos für Gästekartenbesitzer, nachmittags kostenpflichtig].

Anfahrt: Pkw: Zur Perlebucht den Schildern zu den Campingplätzen Sandstrand folgen, es gibt mehrere gebührenpflichtige Parkplätze, kostenfreie z. B. im Hummer- u. Krabbengrund. LVS: Schleswig-Holstein-Bahn bis Büsum, 5 Min. Fußweg zum ZOB, dann Bus 2612 oder 2712 bis Perlebucht.

Wasserspaß nonstop

*Im Erlebnisbad **Piratenmeer** muss niemand auf die Flut warten: Mehr als 600.000 Liter Meerwasser sorgen im „Störtebecken" regelmäßig für hohe Wellen. Highlight ist die 110 Meter lange „Long-John-Silver"-Wasserrutsche, auf der kleine Seeräuber mit 36 km/h hinunterrauschen. Auch zu empfehlen: Schwimmkurse, Aquafitness und Sauna. Südstrand 9, 25761 Büsum, Tel. 04834-90 91 33, info@piratenmeer.de, www. piratenmeer.de. Bad Mai-Okt Mo-Sa 10-20, So 10-19, Nov-April tgl. 12-19 Uhr. Tageskarte Erw. € 11/mit Gästekarte € 8, Kinder (3-17 J.) € 5,50, Familien € 25,50/mit Gästekarte € 21.*

Düne/Helgoland

Helgoland (siehe S. 42) hat eine kleine Schwester: Etwa einen Kilometer entfernt liegt die 40 Hektar große Düne, rundum von feinstem weißem Sand umgeben. Eine richtige Badeinsel und eine Oase für alle, die im Urlaub einfach abschalten und sich ganz aufs Familienleben konzentrieren wollen. Die gesunde, salzhaltige Luft ist eine Wohltat für Asthmatiker und Allergiker: Auf Helgoland gibt es weder Autos noch Bäume oder Gräser.

Der Nordstrand ist beliebt bei FKK- und Surffans, die sich in der gischtigen Brandung vergnügen. Und Zwerge freuen sich über die große Kletterburg auf dem Spielplatz hinter den Dünen, nahe dem Campingplatz. Am flachen, breiten Ufer des Südstrands fühlen sich Familien mit (Klein-)Kindern wohl. Das türkisfarbene Wasser kräuselt sich an Sonnentagen in sanften Wellen und lässt Karibikfeeling aufkommen. Ob im Norden oder Süden, man kann den ganzen Tag baden, faulenzen, Muscheln oder den roten Feuerstein sammeln, den es nur auf Hel-

Badedüne vor Helgoland: viel Sand zum Buddeln und Matschen

goland gibt. Direkt am Südstrand offeriert das **Dünenrestaurant** bodenständige Gerichte, Snacks und Eis [Tel. 04725-544, 27498 Helgoland, Ostern-Ende Okt ab 11.30 Uhr]. Im Norden lädt die Terrasse des **Flughafenrestaurants** dazu ein, die Starts und Landungen der Linien- und Chartermaschinen zu beobachten [Tel. 04725-71 23, 27498 Helgoland, www. flughafen-helgoland.de. Tgl. ab 8.30 Uhr]. Selbst im Hochsommer wird es an den Stränden nicht voll – sogar Kegelrobben kommen hhierher, um ein Sonnenbad zu nehmen.

Anfahrt: Siehe Tour 3, S. 42. Dünen-fähre ab Helgoland Landungsbrücke oder Nord-Ost-Hafen, Mai-Anf. Okt alle 30 Min. 8-19 Uhr (Kernzeit), erweiterte Fahrpläne im Sommer und Winterfahrzeiten bei der Tourist-Info (Tel. 04725-20 67 99) erfragen, Erw. € 4, Kinder € 2, 12er-Karte € 42/€ 21.

Robben-Watching
*Der **Verein Jordsand** bietet fast das ganze Jahr über **Dünenfüh-rungen** an, natürlich auch zu den Liegeplätzen der Kegelrob-ben. Im Winter (Nov-Anf. Jan) ist das besonders spannend, denn dann kommt der pelzige Nachwuchs zur Welt. Wer etwas zum Schutz der Tiere beitragen möchte, kann eine „Robbenpatenschaft" erwerben (€ 50/Jahr) Von März bis Juli unternehmen die Mitarbeiter übrigens auch Erkundungen zum **Lummenfels** (siehe S. 45). Hummerbude 34-35, 27498 Hel-goland, Tel. 04725-77 87, info@ jordsand.de, www.jordsand.de. Führungen kostenlos, Spenden willkommen.*

St. Peter-Ording

Sand, Dünen und Meer, so weit das Auge reicht: Am 12 Kilometer langen und bis zu 2 Kilometer breiten Strand von St. Peter-Ording findet jeder ein passendes Plätzchen. Bereits 1838 kamen die ersten Gäste, um die gesunde Luft und die Landschaft zu genießen, heute verbucht das Heil- und Schwefelbad über 2 Millionen Übernachtungen jährlich. Von Süd nach Nord teilt sich der Strand in fünf Abschnitte parallel zum Deich. Der Weg zum Wasser ist recht weit und führt über Fahrrad- und Fußstege. Da sind die Bollerwagen, die bei den **Fahrradverleihern** in allen Ortsteilen zu mieten sind, ganz praktisch [Adressen über die Tourismus-Zentrale St. Peter-Ording, Maleens Knoll 2, 25826 St. Peter-Ording, Tel. 04863-99 90, info@tz-spo.de, www.st.peter-ording-nordsee.de]. Bequem: Auf den Stränden von Böhl und Dorf hält der Bus (Benutzung für Gästekarteninhaber kostenlos!), auf den **Böhler** und den **Ordinger Strand** kann man sogar mit dem Auto fahren [März-Nov € 6]. In der Saison sind stets Rettungsschwimmer vor Ort, Bojen markieren die flachen Badezonen. Überall dürfen Kids Drachen steigen lassen, es gibt Volleyballnetze, Spielplätze, Toiletten, Strandkörbe und natürlich die berühmten **Pfahlbautenrestaurants**, sodass niemand Proviant mitschleppen muss. Für Unterhaltung ist ebenfalls gesorgt: Im Juli und August sind alle Badestellen – außer in Dorf – Schauplatz lustiger Strandspiele, Sandfigurenwettbewerbe und Body-Painting-

Nordsee unter Dach

In der **Dünen-Therme** *ist das ganze Jahr über Nordseespaß angesagt: Alle halbe Stunde heißt es: „Vorsicht: Wellen!",* *im Erlebnisbecken mit Geysiren, Sprudelliegen und Massagedüsen kann man entspannen, während Wagemutige die 100-Meter-Rutsche hinabschießen. Süßwasserbecken für Minis, Saunalandschaft und der Außenpool mit 30 °C warmem Wasser runden das Angebot ab. Maleens Knoll 2, Tel. 04863-99 91 61, info@duenen-therme. de, www.duenen-therme.de. April-Okt Mo-Sa 9.30-22, So 10-19, Nov-März Mo-Fr 14-22, Sa 10-22, So 10-19 Uhr, z. B. 2 Std./Tageskarte Erw. € 7/13, Kinder € 4/7, Fam. € 19/31, Erw. ohne Gästekarte zahlen zusätzl. die Kurabgabe von € 1-3, je nach Saison.*

Aktionen [Infos: Tourismus-Zentrale, siehe oben].

Watt und Wellen

Ein Blick auf den Tidenkalender verrät, wann man am **Strand von St. Peter-Böhl** (siehe S. 52) nicht nur im Watt matscht. Bei Flut können die Lütten im flachen, ruhigen Wasser baden. Noch beschaulicher ist die **Badestelle Süd** im Ortsteil Dorf: Der Strand wird von der offenen

See durch die Ausläufer der großen Sandbank abgeschirmt, sodass auch bei Hochwasser kein Zwerg von den Wellen umgeworfen wird.

Wen der rund 1 Kilometer lange Fußmarsch über die Seebrücke nicht schreckt, der genießt in **St. Peter-Bad** den ganzen Tag die Nordseebrandung – bei Ebbe zieht sich das Meer nur 200 Meter zurück. Spielgefährten, mit denen man gemeinsam buddeln, toben und spielen kann, sind schnell gefunden.

Im Norden grenzt die Badezone an das Surfrevier des Hauptstrands von Ording. Ein Paradies für Sportler und Zuschauer: Hier steht das **Wassersportcenter X-H2O** [Tel. 04863-47 88 00, info@x-h2o.de, www.x-h2o.de. Z. B. Schnupper-Surfen (ab ca. 6 J.) € 12/120 Min.], Kitebuggys und Strandsegler sausen auf der weitläufigen Fläche herum, im Wasser tummeln sich Kiter und Surfer. FKK-Fans breiten ihre Handtücher an der **Badestelle Ording-Nord** aus. Neben dem Strandparkplatz liegt übrigens das Eventgelände: Während der Großveranstaltungen wie dem Drachenfestival oder dem Kitesurf World Cup (siehe S. 115) wird es am Ordinger Strand richtig voll.

Anfahrt: Pkw: Aus Ri. Büsum L 305/L 33, sonst B 5/B202, Strandabschnitte sind ausgeschildert. LVS: Nord-Ost-see-Bahn bis Bad St. Peter-Ording, dann Bus 1082 oder 1084 bis Ording/ Dorf/Böhl.

Luftmatratzen-Surfer in St. Peter-Ording

Nebel/Amrum

Amrums Kniepsand ist mit rund 10 Quadratkilometern einer der größten Strände Europas und geht direkt in den Dünengürtel der Insel über. In **Wittdün** kann man von der Ortsmitte direkt zum bewachten Strand spazieren, der hier recht schmal ist. Die Nordseebrandung ist kaum zu spüren, schön also für die ganz Kleinen. Westlich davon entfaltet sich der Kniepsand in voller Breite (ca. 1,5 km). Hier gibt es viel Platz und Ruhe. Mehr Action bietet das Strandleben in Nebel und Norddorf. Rettungsschwimmer, sanitäre Anlagen und Strandkörbe [ca. € 10/Tag, € 40/Woche] gibt es natürlich überall.

Viele Wege führen zum Strand

Der Badestrand von **Nebel** ist zu Fuß auf den Dünenwegen, per Fahrrad und per Pkw über den Strunwai zu erreichen. Geparkt wird neben der Kniepsandhalle, Ort zahlreicher Veranstaltungen. Zum Wasser muss man ein Stückchen laufen – der feine, weiße Kniepsand ist hier rund 800 Meter breit. Auf dem Bohlensteg lässt sich die Strecke aber auch mit Karre oder einem gemieteten Bollerwagen [ca. € 3] bequem bewältigen. Zur Strandkorbvermietung direkt am Strand gehört eine kleine **Surfschule**, die auch Schnupperkurse für Kinder bietet [Nils Randow, Tel. 0170-294 96 70. Schnupperkurs € 60]. Spielplatz, Volleyballnetz, Fußballtore und Kiosk sind ebenfalls vorhanden. Bei großem Hunger schlendert man zum **Strandpirat** [Strunwai 44, 25946 Nebel, Tel. 04682-96 81 20] bei der Kniepsandhalle. In Sichtweite der Terrasse kann der Nachwuchs weiterbuddeln.

Anfahrt: Pkw: Siehe Tour 8, S. 70. LVS: Fähre bis Wittdün, dann Bus bis Nebel Strandweg.

Dünen und Sand, so weit das Auge reicht: Zugang zum Amrumer Kniepsand

Norddorf/Amrum

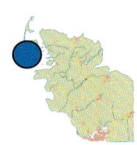

Am trubeligsten ist der Kniep bei **Norddorf**. Kein Wunder, bis zum Wasser sind es hier nur rund 200 Meter, und Schwimmer wie Surfer freuen sich über feine Nordseewellen. Vorbei am Servicegebäude mit dem **Strand 33** (siehe S. 73) spaziert man auf dem Asphaltweg fast bis zu den Strandkörben in der ersten Reihe. Oder man baut etwas abseits die Muschel auf, die flugs von den Kids mit einem großen Wall umgeben wird. Dank der nur allmählich zunehmenden Wassertiefe erwärmt sich die Nordsee bei Sonnenschein recht schnell, zudem ist die Strömung gering, sodass dem Badespaß nichts im Wege steht. Links geht der Textilbereich in den FKK-Strand über, rechts haben die Surfer ihren Spot. Bei der **Surfschule** mit Kiosk können

Die Schaufel – unverzichtbares Accessoire für einen Kniepsand-Strandtag

sportliche Kids Surfen und Katamaransegeln lernen oder sich gegen einen kleinen Obolus ein Paddelbrett leihen und damit über die Wellen schippern [Ricklef Boyens, Tel. 0160-427 60 84 u. 0171-484 93 16, info@surfschule-amrum.de, www. surfschule-amrum.de. Schnupperkurs Surfen € 60/3 Std., Katamaran € 180/8 Std.]. Kostenlos ist der **Spielplatz** mit Trampolin.
Weil auch auf Amrum nicht immer die Sonne scheint, gibt es noch das AmrumBadeland mit wohligem 30 °C warmem Nordseewasser im **Wellenbad**, Sprudelbucht, Massagedüsen und Saunalandschaft [Am Schwimmbad 1, 25946 Wittdün, Tel. 04682-94 34 31. Wellenbad tgl. 10-18 Uhr, 1 Std./Tageskarte Erw. € 3,90/9,90 (ohne Gästekarte doppelter Preis), Kinder (3-16 J.) € 2,60/6,30].

Anfahrt: *Pkw: Siehe Tour 8, S. 70. LVS: Fähre bis Wittdün, dann Bus bis Norddorf Mitte.*

Ritt über den Kniepsand

Im flotten Trab über den Strand oder im Galopp durch die Brandung: Erfahrene Reiter ab 9 Jahren nimmt das Team des Islandpferde-Hofs zu einem unvergesslichen Abenteuerritt mit. Für Anfänger gibt es Unterricht in kleinen Gruppen oder Einzelstunden. **Islandpferde faan Stianood**, *Stianoodswai, 25946 Steenodde, Tel. 04682-968 89 83, hilke@ricklefs.de, http://stianood.ricklefs.de. Ritt ab € 38, Unterricht ab € 18/30 Min.*

Wyk/Föhr

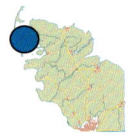

Mitten im Wattenmeer liegt die grüne Insel Föhr (siehe S. 75) geschützt vor der rauen Nordsee. Vier Kilometer feinster Sandstrand umgeben die Inselhauptstadt Wyk vom Fähranleger im Osten bis auf die Höhe des Flugplatzes im Südwesten – viel Platz für Sonnenanbeter, Muschelsammler und Strandburgarchitekten. Starke Strömungen gibt es nicht, und das Ufer ist flach. Auf der Suche nach einem Strandkorb oder Platz für die Strandmuschel kann man auf der Promenade die gesamte **bewachte Badezone** abschreiten. Kurz hinter der Mittelbrücke mit DLRG Station findet sich der erste Nichtraucherbereich (Abschnitt 4). Von hier aus ist es nicht weit zur Fußgängerzone, dem Freizeithelfer-Laden (siehe Kasten) und dem **Musikpavillon**, Schauplatz der Piratentage (siehe Kasten S. 75).

In Wyk befindet sich der Strand mitten in der Stadt

Am **Südstrand** bieten gleich zwei **Surfschulen** Schnupperstunden im Surfen [Mo, Do, € 2] und Segeln [Di, € 8] an. Beliebt sind auch die Barbecues und Strandpartys mit Beachsoccerturnier [Abschnitt 13: Windsurfing Föhr, Peter Schaper, Tel. 04681-747 19 76, windsurfingfoehr@freenet.de, www.windsurfing-foehr.com; Abschnitt 22: Schapers, Bistro u. Wassersport Center, Tel. 04681-58 00 87, wassersport@schapers.info, www.schapers.net. Mai-Sep]. Drachendompteure dürfen am Abschnitt 19/20 ihrem Hobby nachgehen. Wer kein Picknick mitgebracht hat, kann sich in den **Bistros der Surfschulen** versorgen oder in die Stadt schlendern.

Anfahrt: *Pkw: Siehe Tour 9, S. 75. LVS: Fähre bis Wyk, zum Südstrand Bus 3 bis Strandweg/Gmelinstraße.*

Nieblum und Goting/Föhr

Von Wyk im Osten bis Utersum im Westen erstreckt sich ein rund 15 Kilometer langer Strand. Etwa in der Mitte liegt der feinsandige Abschnitt von **Nieblum** (siehe S. 78), vom Ort aus über die Strandstraße erreichbar (ca. 1,5 Kilometer). Rechts hinter dem Dünenwall liegt die **Surfschule**, hier sausen sogar Kitebuggys über den Strand [Nieblumer Windsurfing Schule, Jens-Jacob-Eschel Str. 27, 25938 Nieblum, Tel. 04681-47 66, huecki@nws-foehr.de, www.nws-foehr.de, Schnupperkurs Surfen z. B. € 50]. Ein **Kiosk** versorgt Schaulustige und Sportler mit Snacks. Gen Osten ist

Beschaulicher als in Wyk ist das Strandleben bei Goting

es weniger lebhaft, sodass dem puren Bade- und Buddelvergnügen nichts im Wege steht.

Westlich der Surfschule darf man Drachen steigen lassen und Hunde mitbringen. Wer weiter in diese Richtung wandert, kommt zum **Goting-Kliff** (siehe S. 78). Ein ruhiges Idyll, das vor allem Familien schätzen. Auf Rettungsschwimmer, WCs und Strandkörbe muss man nicht verzichten, und hinter den Dünen gibt es einen **Spielplatz**, den kleine Strandbesucher gern frequentieren. Ganz in der Nähe lockt das **Kliff Café** mit selbst gebackenem Kuchen und deftigen Kleinigkeiten. Wer Bewegung braucht, schwingt auf der hauseigenen **Minigolfanlage** den Schläger [Klafwai, 25938 Nieblum (Goting), Tel. 04681-36 60. Tgl. ab 11 Uhr, Minigolf € 2,50/Pers.].

Anfahrt: Pkw: Siehe Tour 9, S. 75. LVS: Fähre bis Wyk, dann Bus 2 oder 22 bis Nieblum/Tankstelle bzw. Goting.

Was lebt denn da?

*Wer nicht nur in der Nordsee baden, sondern mehr übers Wattenmeer erfahren möchte, sollte sich die **Erlebnisausstellung des Nationalpark-Zentrums** im Wyker Rathaus ansehen. In den Aquarien kann man Knurrhahn und Katzenhai in „die Augen" schauen, an den Mitmachstationen z. B. Ringelgans und Austernfischer lauschen. Hafenstr. 23, 25938 Wyk auf Föhr, Tel. 04681-42 90, nph-foehr@ lkn.landsh.de, www.nph-foehr. nationalparkservice.de. April-Okt So-Fr 10-17.30, Nov-März Mi, Sa 14-17 Uhr, Erw. € 2,50, Kinder € 1,20, Fam. € 6.*

Westerland/Sylt

Am 7 Kilometer langen Strand von Westerland (siehe S. 81), gespickt mit rund 3000 Strandkörben, findet jeder seinen Platz an der Sonne. Zugegeben: Familien mit jüngeren Kindern, die einfach nur die Natur, den Sand und das Meer genießen möchten, sind hier fehl am Platz. Aber wer nur für einen Tag auf Sylt oder gern mitten im Geschehen ist, der sollte sich den Hotspot für Vollzeit-Strandurlauber nicht entgehen lassen.

Sport & Spiel

Am zentralen **Fun-Beach Brandenburg**, dem Revier der Wassersportler, kämpfen Sportbegeisterte täglich beim Beachvolleyball und -soccer um den Ball (Zugang über Brandenburger Straße). Wem das nicht reicht: Die **Surfschule** bietet Schnupperkurse an, und man kann sich auf Bananenbooten über die Wellen ziehen lassen [Surfschule Sunset Beach, Brandenburger Str. 15, 25980 Westerland, Tel. 04651-271 72, info@ sunsetbeach.de, www.sunsetbeach. de. Schnupperkurs Surfen € 60/2 Std., Bananenboot p. Pers. € 9/15 Min., Restaurant tgl. 10-22 Uhr]. Gleich an der Promenade liegt auch der tolle Spielplatz der **Villa Kunterbunt** mit Trampolin, Leuchtturm und Piratenschiff, das unbedingt erobert werden muss. In der Villa selbst können Kinder allerhand unternehmen, wenn sie Urlaub von den Eltern brauchen – oder umgekehrt: Piratentage, Wikingertreffs, bei denen Schwerter gebaut werden, Abenteuerreisen am

Wikingerschiff und Riesenrutschen

Auch bei Sturm und Regen sind Badefans an der Westerländer Promenade richtig. Mit Wellenbecken und Strömungskanal macht die **Sylter Welle** *ihrem Namen alle Ehre. Die Renner für Kids sind die 120 Meter lange Riesen-Reifenrutsche, die Black-Hole-Rutsche, die Turborutsche und das Wikingerschiff im Planschbecken. Strandstr. 32, 25980 Westerland, Tel. 0180-500 99 80 (€ 0,14/Min. Festnetz). Tgl. 10-22 Uhr, 5 Std./ Erw. € 11,50/15, Kinder (3-18 J.) € 7,50/12, Fam. € 26/33; ohne Gästekarte p. P. ab 18 J. zzgl. € 1,75 (Nebensaison) bzw. € 3,50 (Hauptsaison).*

Strand oder einfach nur Geschichten hören und spielen. [Obere Promenade, 25980 Westerland, Tel. 04651-99 82 75, www.westerland.de. Betreuung Mai-Okt Mo-Fr 9-17 Uhr, 3 Std. € 8/€ 11 (ohne Gästekarte), Nov-April Mo-Fr 9.30-15 Uhr € 7/€ 10, Aktionen extra].

Ruhe & Naturerlebnis

Wer am Westerländer Strand entspannt ein Buch lesen möchte, während die Sprösslinge mit Eimerchen und Schaufel losziehen, findet ruhigere Plätzchen an den südlichen und nördlichen Enden der befestigten Promenade, z. B. am

Abschnitt 4.22/Lornsenweg mit Rettungsstation. Von hier aus ist es nicht weit zum Friedrichshain. In dem neun Hektar großen Naturerlebnisraum ist erlaubt, was sonst in Parks verboten ist: auf Bäume klettern, am Ufer des Weihers im Matsch spielen oder Verstecke bauen. Von April bis Oktober bietet die Gemeinde auch zahlreiche kostenlosen Veranstaltungen wie Waldrallyes an [Termine im Veranstaltungskalender der Tourist-Info].

Tipp: Für Familien mit ganz jungen Strandentdeckern empfiehlt sich der **Hörnumer Oststrand** an der Wattseite der Insel: Hier pustet der Wind nicht allzu stark, und die Nordsee zeigt sich von ihrer ruhigeren Seite.

Anfahrt: Pkw: Siehe Tour 10, S. 80. LVS: Nord-Ostsee-Bahn bis Westerland, dann Bus 1 bis Johann-Möller-Platz.

Beliebt und stets gut besucht ist der Strand bei Westerland

Wenningstedt/Sylt

In Wenningstedt gerät der Strand manchmal zur Nebensache, so viel gibt's für Kids zu tun. Wer beim InselCircus Mignon (siehe S. 98) mitmachen darf, für den ist der Urlaub sowieso ein Erfolg. Doch der feinsandige, weiße Strand am majestätischen, bis zu 50 Meter hohen Roten Kliff soll hier nicht vernachlässigt werden. Dünenpfade, Bohlenstege und -treppen führen zu den Badestellen, für Buggyfahrer empfiehlt sich der Zugang beim Parkplatz Risgap. Nebenan wartet die Trampolinanlage des **Restaurants Kartoffelkiste** auf kleine Hüpfer [Dünenstr. 333, 25996 Wenningstedt. Tel. 04651-94 30 83. April-Okt tgl. 10-22 Uhr, 5 Min. € 1, 30 Min. € 4]. Mit tobefreudigen Kids begibt man sich am besten in den Norden, denn am **Restaurant Wonnemeyer** ist ein riesiges Piratenschiff gestrandet. Hier kann man prima klettern und sich in der Brandung abkühlen. Strandkörbe und Volleyballnetz gibt es auch, nördlich und südlich haben die Rettungsschwimmer ihre Hütten. Wer Hunger bekommt, setzt sich bei Wonnemeyer an die Tische im Sand und verspeist Currywurst mit Pommes oder ausgezeichneten Fisch [am Strand Nr. 1, 25996 Wenningstedt, Tel. 04651-452 99, info@wonnemeyer. com, www.wonnemeyer.com]. Sollte das Wetter zum Baden zu kühl sein, gibt's neben der Norddörfer Halle, jenseits der L 24, die **Mini-Cross-Bahn**. Luftkissen und Strohballen sichern die Strecke für kleine Motorcracks ab 6 Jahren [25996 Wenningstedt, Tel. 04651-299 76 83, herrmann@mini-cross.de, www.mini-cross. de. Ende Juni-Anf. Sep tgl. 10-13, 15-20 Uhr, pro Fahrt € 10, Helme, Handschuhe etc. werden gestellt].

Anfahrt: Pkw: Siehe Tour 10, S. 80. LVS: Nord-Ostsee-Bahn bis Westerland, dann Bus 1 bis Wenningstedt-Mitte.

Auf Nummer sicher

Vier Rettungsschwimmerstationen sorgen von Mitte Mai bis September (10.30-17 Uhr) am Wenningstedter Weststrand für Sicherheit. Die geschulten Lifeguards leisten Erste Hilfe oder helfen mit Pflaster aus, falls sich jemand an einer Muschelkante geschnitten hat. Wenn sie die grüne Flagge hissen, steht dem Badespaß nichts im Wege. Die gelbe Flagge signalisiert, dass die See in erheblicher Bewegung ist, kleinere Kinder sollten dann besser an Land bleiben. Weht die rote Fahne, bedeutet das absolutes Badeverbot.

Familientauglicher Strand: Wenningstedt auf Sylt

Tour 1: Robben, Technikwunder und ein Waldabenteuer

Friedrichskoog • Marne • Brunsbüttel • Burg

Wo: vom südwestlichen Zipfel Dithmarschens zum Nord-Ostsee-Kanal – Wie: mit dem Auto (ca. 50 km) – Dauer: Tagesausflug – Nicht vergessen: Fernglas, Picknickkorb

Von der platten Marsch in die hügelige Geest – unsere erste Tour entlang der Westküste Schleswig-Holsteins führt durch die abwechslungsreiche Landschaft Süderdithmarschens. Und sie ist vollgepackt mit Abenteuern: Im jungen Nordseeheilbad Friedrichskoog entzücken niedliche Robben, der Betrieb an den Schleusen des Nord-Ostsee-Kanals fasziniert Technikfans, und in Burg werden alle zu wahren Naturforschern. Und vielleicht erleben Sie nebenbei, wie sich ein riesiges Kreuzfahrtschiff „durch die grüne Wiese" (sprich: über den Kanal) schiebt. Hier findet jeder etwas, das ihm Spaß macht.

Allerhand Wasserbewohner

Vor nicht allzu langer Zeit hätten Besucher in **Friedrichskoog** nasse Füße bekommen, denn erst 1853 begann man hier, Deiche anzulegen, und der neue Koog, benannt nach dem damaligen dänischen Landesherrn Friedrich VII., entstand. Doch Kinder interessiert nicht die Vergangenheit, sondern die höchst lebendige Gegenwart in der **Seehundstation Friedrichskoog** (siehe S. 87) am

Hier geht's zum ersten Highlight dieser Tour: der Seehundstation Friedrichskoog

Schienen-Segeln

*Seit 2004 ist Marne um eine At-
traktion reicher: Am **Draisinen-
bahnhof** in der Bahnhofstraße
41 stehen originelle Fahrraddrai-
sinen, mit denen man die still-
gelegte Strecke der Marschbahn
zwischen Marne und St. Michaelisdonn (ca. 10 km) erkunden
kann. Bei gutem Wind wird ein
Segel aufgesteckt. Zurück geht
es wieder auf den Gleisen oder
per Drahtesel. Marschenbahn-
Draisine GbR, Bahnhofstr.
26, 25693 St. Michaelisdonn,
Tel. 04853-80 73 05, info@
marschenbahn-draisine.de, www.
marschenbahn-draisine.de oder
Tourist-Info Marne. Ostern-Mitte
Okt, Draisine (2 Erw., 2-3 Kinder,
1 zusätzl. Kind im Buggy mögl.):
Einzelfahrt € 17, Rückfahrt € 25,
Fahrrad € 2,50-5.*

Rand des kleinen Hafens. Schließlich
wollen sie die Fütterung der Seehunde
und Kegelrobben um 10.30 Uhr nicht
verpassen und sich danach ausgiebig die
Nasen an den Scheiben im Unterwasserbereich platt drücken, um die putzigen
Tiere aus der Nähe zu sehen.
Wer mag, wandert anschließend um das
Hafenbecken und bestaunt den riesigen
Spielwal „Willi" (siehe Kasten S. 88).
Wochenends empfiehlt sich der Besuch
der **Schutzstation Wattenmeer** ein
paar Schritte weiter. In der Ausstellung
können Kinder u. a. winzige Lebewesen unterm Mikroskop beobachten
und Muscheln aus dem Sand sieben.

Zudem haben die Mitarbeiter ein großes
Angebot an Watt- und vogelkundlichen
Führungen parat [Südseite Hafen, 25718
Friedrichskoog, Tel. 04854-92 98. Mai-
Okt Di/Do 14-18, Sa/So 10-18 Uhr, im
Winter abweichende Zeiten, Eintritt frei,
Spenden erwünscht, z. B. Kinderwattfüh-
rung Erw. € 3, Kinder € 2,50].

Jecken und Beugelbuddelbeer

Auf schnurgeraden Straßen durch
üppige Raps- und Kohlfelder ist **Marne**
schnell erreicht [Touristik-Info und
Touristik Marne-Marschenland e.V.,
Deichstr. 2, 25709 Marne, Tel. 04851-95
76 86, info@urlaubandernordsee.de,
www.urlaubandernordsee.de]. Die kleine
Stadt ist für zwei Dinge bekannt: den
größten Rosenmontagsumzug der Region und das von Bierkennern geschätzte
„Dithmarscher" aus der **Privatbrauerei
Karl Hintz.** Tipp für die Großen: Nach
Anmeldung kann man den Betrieb
besichtigen und den Gerstensaft verkos-
ten [Österstr 18, 25709 Marne, Tel.
04851-96 20, info@dithmarscher.de,
www.dithmarscher.de. Führung (ab 18
J.) Di 15-17.30 Uhr € 7/Pers.]. Die Brau-
erei liegt mitten im Zentrum, östlich
des Ensembles aus Jugendstil-Rathaus
und Maria-Magdalenen-Kirche, deren
61,5 Meter hoher Turm nicht zu über-
sehen ist. Einen Blick sollten Sie ins
Rathaus werfen, wo die edlen Schränke,
Brauttruhen und Bilder den einstigen
Reichtum der Marschenbauern erahnen
lassen [Alter Kirchhof 4-5, 25709 Marne,
Tel. 04851-959 60 (Stadt Marne), Mo-Fr
8-12, Mo/Do auch 14-18 Uhr, gratis]. Ein
kurzer Spaziergang den Markt hinunter
führt zum **Müllenhoff-Brunnen.** Aus
ihm „wächst" ein Wunderbaum, den

Männer und Frauen in Dithmarscher Tracht umtanzen. Nach dem kleinen Stadtbummel haben sich alle eine Stärkung auf der schönen Terrasse mit Sandkiste des **Stadtcafés Kremer** verdient [Königstr. 8-10, 25709 Marne, Tel. 04851-30 92, www.stadtcafe-kremer-marne.de].

In der Kanalmetropole

Wenn Sie nicht zu einer Abenteuertour auf Schienen (siehe Kasten S. 33) aufbrechen, folgen Sie der B 5 nach **Brunsbüttel**. Die Stadt an der Elbe verdankt ihre wirtschaftliche – und touristische – Bedeutung dem 1887-1895 gebauten **Nord-Ostsee-Kanal (NOK)**, der die Elbmündung in die Nordsee mit der Ostsee verbindet. Heute ist der Kanal die meistbefahrene künstliche Seewasserstraße der Welt, und in Brunsbüttel werden täglich bis zu 120 Schiffe geschleust. Der erste Weg führt zur Tourist-Info direkt an den Schleusen [Gustav-Meyer-Platz 2, 25541 Brunsbüttel, Tel. 04852-83 66 24, touristinformation@stadt-brunsbuettel. de, www.brunsbuettel.de], wo Sie u. a.

einen „Traumschiff-Fahrplan" erhalten, der verrät, wann große Kreuzfahrer die Schleusen in Brunsbüttel passieren. Angeschlossen ist das **Schleusenmuseum „Atrium"** [Gustav-Meyer-Platz, 25541 Brunsbüttel, Tel. 04852-88 52 13, Atrium@nok-wsa.de, www.wsa-brunsbuettel.de. 15. März-15. Nov tgl. 10.30-17 Uhr, Erw. € 2, Kinder € 0,50]. Filme, Schautafeln, Schiffsmodelle, alte Kompasse usw. informieren über die Geschichte und den Bau des NOK. Natürlich wird auch die Funktion der Schleusen erläutert, die wie ihr Gegenstück in Kiel dafür sorgen, dass der Wasserstand auf dem Kanal unabhängig von Ebbe und Flut bleibt. An den Modellen können Kinder per Knopfdruck beobachten, wie sich die Schleusen öffnen und schließen, oder die zahlreichen Leuchtfeuer und Signale am Kanal zum Leuchten bringen.

Schleusen – auch im Miniformat

Danach wollen kleine und große Technikfans natürlich die echten Schleusen

An den Modellen im Schleusenmuseum dürfen auch Kinder viel ausprobieren

Strandoase

Wer meint, die Südseite Brunsbüttels hätte außer viel Industrie nichts zu bieten, irrt: In der Strandbar **Copacanala** *lässt sich ein herrlicher Nachmittag mit Blick auf Schleusen und NOK verbringen. Die Großen schlürfen einen – alkoholfreien – Cocktail im Liegestuhl, die Kleinen buddeln im Sand, schlecken Eis, und ab und an gleitet ein Schiff vorbei. Am Südkai 1, 25541 Brunsbüttel, Tel. 01522-717 05 90. Außer bei Sturm/Regen Mo-Fr ab 12, Sa/So ab 10 Uhr.*

und ohne Fahrrad auf die Südseite der Stadt (siehe Kasten). Vielleicht haben Sie Lust auf eine kurze Spritztour über den Kanal – leuchtende Kinderaugen garantiert.

Hinauf in den Wald

Zurück im Auto geht es weiter Richtung Burg. Bei Kuden fällt die veränderte Landschaft auf: Es wird zunehmend hügeliger, Sie sind in der Geest. In Buchholz fahren Sie links ab (Brookstraße, Grotloheweg) und weiter, leicht bergan, nach **Burg** [Touristikbüro, Holzmarkt 7, 25712 Burg, Tel. 04825-93 05 18, touristikbuero@burg-st-michaelisdonn.de]. Kurz vor dem Ortseingang ist der Parkplatz des **Waldmuseums Burg** erreicht [Waldstraße, 25712 Burg, Tel. 04825-29 85 u. -930 50 (Gemeinde Burg), waldmuseum@t-online.de, www.burger-waldmuseum.de. Waldlehrpfad und Spielplatz frei zugänglich, Museum

sehen. Neben dem Atrium geht es rechts die Treppen hinauf zu den Aussichtsplattformen. Wenn alle genug vom Auf und Zu der Schleusen und den ein- und ausfahrenden Schiffen haben, schlendern Sie die kurze Promenade am kleinen Jachthafen entlang und besorgen am **Torhäuschen** [Kreystr. 2, 25541 Brunsbüttel, 04852-94 05 77] Fischbrötchen für alle. Die Kinder zieht es auf das angrenzende **Spieldeck**, die Eltern schauen dem Treiben von der Terrasse aus zu. Auf dem maritimen Spielplatz gibt es nämlich eine „Schleusenanlage" mit Wasserpumpe, an der Ihre Sprösslinge das soeben Gesehene nochmals durchspielen und herrlich matschen können. Tipp: Nur ein paar Schritte entfernt liegt der Fähranleger. Im 10-Minuten-Takt bringen die (kostenlosen) **Kanalfähren** „Stettin" und „Berlin" Autos, Linienbusse, Lkw und natürlich Fußgänger mit

Sommerferienspaß

Kutschfahrten, Ponyreiten, Fahrradtouren, Tennis für Kids, Gute-Nacht-Geschichten – im Juli/August stellen die Burger ein **buntes Programm** *für Familien auf die Beine, vieles davon sogar kostenlos. Ein Highlight sind die Fahrten im echten Spreewaldkahn auf dem Flüsschen Burger Au durchs Buchholzermoor (Erw. € 6,50, Kinder bis 8 J. € 3,50). Rechtzeitig anmelden! Kontakt und Infos über das Touristikbüro Burg (siehe oben).*

Per Rutsche geht's vom Museum zum Waldlehrpfad

Panoramablick und Walderkundung

Zum Schluss klettern alle die 82 Stufen hinauf zur Turmspitze und schauen den Wald von oben an. Wem das zu anstrengend ist: Dank der Webcam auf dem Dach ist der Überblick auch am Rechner in der Eingangshalle möglich. Wenn die Kids noch Lust haben, folgen Sie dem Waldlehrpfad (ca. 2 km), der gleich hinter dem Museum beim Spielplatz startet. Oder Sie lassen sich dort auf einer der Bänke oder im Pavillon nieder und packen den Picknickkorb für ein zünftiges Abendbrot aus. Der Nachwuchs saust derweil mit der Seilbahn durch die Luft und erklimmt den Rutschenhügel. Sind nun alle müde? Dann geht es zurück ins Urlaubsquartier.

Juli/Aug Di-So 11-17, April-Juni, Sep/Okt Di-Fr 10-12 u. 14-17, Sa/So 12-17 Uhr, Erw. € 2, Kinder € 1. Schon von außen wirkt der Bau nicht wie ein „normales" Museum. Kein Wunder, denn es ist ein Aussichtsturm mit einer Plattform in 21 Metern Höhe. Aber hier kann man nicht nur in die Ferne gucken: An verschiedenen Stationen erfahren kleine Naturforscher, wie sich das Fell eines Wildschweins anfühlt, wie eine Maus riecht oder wie es in einem Bienenstock aussieht. Spannend sind auch die Vitrinen etwa mit Pilzmodellen, Tierpräparaten oder Fossilienfunden, die anhand von leicht verständlichen Schautafeln erklärt werden. Zwar liegt der Akzent auf dem Thema Wald, doch sind die Bewohner des Wattenmeeres ebenso zu sehen, und man erfährt viel über die Burger Geschichte, die Archäologie und Geologie der Region.

Arbeit anno dazumal

*In einem Kaufmannsladen einkaufen, sehen, wie es beim Zahnarzt um 1920 aussah – im **Burger Museum** lässt sich Geschichte live erleben. Highlight ist die alte Landapotheke von 1839 u. a. mit Arzneikeller, Laboratorien und Giftkammer, die sich über mehrere Räume erstreckt. Burger Museum, Landapotheke, Gewerbe & Schifffahrt, Große Mühlenstr. 6, 25712 Burg, Tel. 04825-90 22 00, info@burger-museum.de, www.burger-museum.de. Ab Ostern u. Nov-Weihnachten So, Mai-Okt Di, Fr, Sa/So 14.30-16.30 Uhr, inkl. Führung Erw. € 3, Kinder € 1,50.*

Tour 2: Vom grünen Deich ins Zentrum der „Bauernrepublik"

Büsum • Heide • Meldorf

Wo: von der Westküste Norderdithmarschens ins Hinterland – Wie: mit dem Auto – Dauer: Tagesausflug oder drei Halbtagesausflüge – Nicht vergessen: evtl. Badezeug, Veranstaltungskalender Heide

Wer Dithmarschen hört, denkt meist an Kohlköpfe und Windräder. Büsum, eins der beliebtesten Nordseebäder, ist da eher ein Begriff. Aber auch abseits des Strandlebens gibt es viel zu entdecken: etwa den Hafen, von dem Ausflugsschiffe in die Nordsee und nach Helgoland starten. Nicht weit entfernt liegt die Kreisstadt Heide mit dem riesigen Marktplatz, der rund ums Jahr mit familientauglichen Veranstaltungen lockt. Weniger trubelig geht es in der „Domstadt" Meldorf zu, in der Museen unterhaltsam die Vergangenheit der Dithmarscher beleuchten.

Vom Piratennest zum Nordseeheilbad

Dass **Büsum** bis 1609 eine Insel war, merkt man dem Badeort nicht mehr an. Bereits Anfang des 19. Jahrhunderts entdeckten geschäftstüchtige Büsumer den Fremdenverkehr, Ferienunterkünfte, allen voran der Apartmentturm von 1972, prägen das Bild ebenso wie der Hafen mit der größten Kutterflotte der Westküste [Kur und Tourismus Service, Südstrand 11, 25761 Büsum, Tel. 04834-90 90, info@buesum.de, www.buesum.de]. Vom Parkplatz bei der Sturmflutenwelt Blanker Hans (siehe S. 89) bummelt man über den Deichweg in die Ortsmitte zur **Fischerkirche St. Clemens** (um 1442). Kinder machen große Augen, wenn sie hören, dass das bronzene Taufbecken angeblich den Pellwormern vom Seeräuber Cord Widderich geraubt wurde. Die Alleestraße mit Cafés, Restaurants und Läden führt zur Freitreppe am Hauptstrandaufgang (siehe S. 19). Rechts sind in den **Büsumer Meereswel-**

Die Alleestraße ist das quirlige Zentrum des Nordseeheilbads Büsum

Stadtrundfahrt

*Eine lustige Art, Büsum zu erkunden, ist die Rundfahrt mit dem **Krabben-Express**. Die Kleinbahn auf Rädern ist gleichzeitig der „Linienverkehr" und schuckelt Sie z. B. von der Haltestelle Ankerplatz in fünf Minuten zum museum am meer. Büsumer Kleinbahn, Tel. 04834-47 32, info@buesumer-kleinbahn.de, www.krabben-express.de. April-Okt, Rundfahrt: Erw. 4, Kinder (bis 12 J.) € 2,20, Einzelfahrt ab € 1,10/€ 0,60.*

ten neben Steinfischen, Haien, Rochen auch Reptilien zu bestaunen [Am Südstrand 9a, 25761 Büsum, Tel. 0173-862 53 77, info@buesumer-meereswelten.de, www.buesumer-meereswelten.de. Juli/Aug tgl. 10-18, März-Juni, Sep/Okt 11-17

Uhr u. siehe Aushang, Erw. € 4, Kinder (3-15 J.) € 2]. Linker Hand erstreckt sich der **Museumshafen**, wo z. B. das Motorrettungsboot „Rickmer Bock" und die Kutter „Margaretha" und „Fahrewohl" festgemacht haben.

Schiffstörn und Museumsrallye

Kleine Seeleute werden beim Anblick der Schiffe ganz kribbelig. Wie wäre es mit einem Abstecher auf die Nordsee? Am Hafenbecken II, hinter der Persiluhr, legen mehrmals täglich **Ausflugsschiffe der Reederei Rahder** z. B. zu Küsten-, Fang- und Hafenrundfahrten – und nach Helgoland (siehe S. 42) – ab [Karten im Reetdachhäuschen, Fischerkai 2, 25761 Büsum, Tel. 04834-36 12, info@rahder.de, www.rahder.de. Ende März-Okt, z. B. Küstenfahrt: Erw. € 6, Kinder (2-12 J.) € 5, Fam. € 18].
Wer lieber festen Boden unter den Füßen hat, umrundet das Becken und

Die bequemste Art, Büsum zu erkunden ist eine Fahrt mit dem Krabben-Express

begibt sich zum **museum am meer** [Am Fischereihafen 19, 25761 Büsum, Tel. 04834-67 34, info@amt-buesum.de, www.museum-am-meer.de. März-Okt Di-Fr/So 11-17, Sa 13-17, 26. Dez-Anf. Jan Di-So 11-16 Uhr, Erw. € 2,50/mit Gästekarte € 2, Kinder (13-18 J.) € 1,50, (6-12 J.) € 1, Fam. € 5/4]. Hörspiele, Filme, ein begehbares Ruderhaus oder ein Fremdenzimmer der 1960er-Jahre – anschaulich wird vermittelt, was Büsum ausmacht: Fischerei und Tourismus. Besonders spannend ist der Blick auf eine Krabbensiebanlage, in der die Tierchen nach Größe sortiert werden.

Viel Platz zum Feiern

Wer einen Ausflug nach **Heide** plant, sollte vorab in den Veranstaltungskalender der Stadt schauen [Touristinformation Heide-rundum, Markt 28, 25746 Heide, Tel. 0481-212 21 60, info@heide. de, www.heide.de]. Auf dem größten unbebauten Marktplatz (4,7 ha) Deutsch-

Das Molenfeuer ist Wahrzeichen des Büsumer Museumshafens

lands wird nicht nur jeden Samstag der Wochenmarkt mit rund 140 Ständen abgehalten – außer beim Heider Marktfrieden (siehe S. 115) –, fast jeden Monat ist die Riesenfläche Schauplatz von Floh- und Jahrmärkten. Neugierige möchten sicher wissen, warum der Markt so groß ist: 1434 kamen Vertreter aller Dithmarscher Kirchspiele an diesem neutralen „Ort auf der Heide" zusammen, um u. a. die Seeräuberei zu stoppen. Es wurde Frieden geschlossen, und man traf sich auch die nächsten 125 Jahre in Heide, das rasch um den Versammlungsplatz und Markt der „Bauernrepublik" Dithmarschen wuchs.

Erzählbrunnen und Klettersteine

Den Süden des Marktes schmücken hübsche Bürgerhäuser wie das barocke

---

Schlemmen in der Krabbenstube

*Lassen Sie sich vom maritimen Kitsch nicht beirren: In der **Büsumer Krabbenstube Zur Barkasse** am Hafenbecken II wird unter der Regie von Günther Ahr, Inhaber und Kochbuchautor, lecker und ambitioniert gekocht. Werftstr. 2, 25761 Büsum, Tel. 04834-27 60, info@das-isst-der-norden.de, www.buesumer-krabbenstube. de, Mi Ruhetag, Reservierung ratsam.*

Könige der Lüfte

*Falken, Adler und Eulen zum Greifen nah gibt's auf dem **Falkenhof Schalkholz**. Während der Flugschau zeigen die Tiere der Forschungs- und Zuchtstation ihre Flugkünste. Mutige dürfen die Vögel sogar anfassen. Hauptstr. 37, 25782 Schalkholz, Tel. 04838-348, mail@falkenhof-schalkholz. de, www.falkenhof-schalkholz. de. Ostern-Okt Mo-Mi, Fr-So 15 Uhr Flugschau (60-90 Min.), Erw. € 6, Kinder (bis 12 J.) € 4).*

Dreetörn-Hus. Davor thront der **St.-Georg-Brunnen** mit Heides Wappenfigur und acht Relieftafeln, die Szenen der Dithmarscher Geschichte zeigen. Von der Süderstraße bis zur Friedrichstraße im Osten zieht sich die Fußgängerzone. Quer über den Markt geht's zur Österweide, wo sich der **Wasserturm** erhebt. Auf dem Ostpool zu seinen Füßen tummeln sich sommers die Enten, im Winter die Schlittschuhläufer. Außerdem gibt's ein echtes Steingrab von 2700 v. Chr. Ein Tipp für Regentage: die **Museumsinsel Lüttenheid** im Süden des Marktplatzes [mit Heider Heimatmuseum und Klaus-Groth-Museum, Lüttenheid 48, 25746 Heide, Tel. 0481-637 42, stadtarchiv@stadt-heide.de, www.heide. de. Di-Do/So 11.30-17, Fr. 11.30-14, Sa 14-17 Uhr, Erw. € 2,50, Kinder (ab 6 J.) € 1, Fam. € 4,50]. Im Heimatmuseum kann man z. B. die Werkstatt eines Schusters, Tischlers und Stellmachers anschauen. Nebenan befindet sich das Geburtshaus des Dichters und Schriftstellers Klaus Groth (1819-1899).

„Dom" der Dithmarscher

Auf der B 5 ist **Meldorf** in 15 Minuten erreicht [Fremdenverkehrsverein Meldorf, Nordermarkt 10, 25704 Meldorf, Tel. 04832-978 00, meldorf-tourismus@t-online.de, www.meldorf-nordsee.de]. Den Streifzug durch die hübschen Gassen rings um den Markt beginnen Sie am besten bei hausgemachtem Kuchen im **Dom-Café** [Südermarkt 4, 25704 Meldorf, Tel. 04832-34 44, info@domcafemeldorf.de, www. domcafemeldorf.de].

Der Heider Wasserturm, 1903 erbaut, überragt den Ostpool

Bauernalltag

Ein Hit für Treckerfreunde: Traktoren, Mähdrescher und andere Maschinen aus dem 18./19. Jahrhundert gibt's im **Schleswig-Holsteinischen Landwirtschaftsmuseum**. *Im angeschlossenen* **Dithmarscher Bauernhaus** *wird das Landleben um 1850 veranschaulicht. Jungfernstieg 4, 25704 Meldorf, Tel. 04832-97 93 90, landwirtschaftsmuseum@dithmarschen.de, www.landwirtschaftsmuseum-schleswig-holstein.de. Ostern-Okt Mo-Fr 9-17, Sa/So 11-17, Nov-Ostern Di-Fr 9-17, So 11-17 Uhr, Erw. € 3, Kinder (ab 6 J.) € 1, Fam. € 4,50.*

Besuch im Pesel

Östlich vom Dom zweigt die Papenstraße ab: Im Pfarrhaus von 1601 residiert Dithmarschens einzige **Handweberei**. Hier können Sie zusehen, wie Mitarbeiter der Stiftung Mensch (für Menschen mit Behinderung) die alte Kunst der Beiderwandweberei ausüben oder an Jacquard-Webstühlen (19. Jh.) arbeiten. Im Laden nebenan werden die schönen Wandbehänge, Kissen und Decken verkauft [Papenstr. 2, 25704 Meldorf, Tel. 04832-99 94 70, info@PerspektiveMeldorf.de, www.PerspektiveMeldorf.de. Mo-Do 8-15.30, Laden bis 16.30, Fr 8-13 Uhr, Eintritt frei].

Der Klosterstraße nordwärts folgend steht man vor dem Komplex des **Dithmarscher Landesmuseums** [Bütjestr. 2-4, 25704 Meldorf, Tel. 04832-60 00 60, landesmuseum@dithmarschen.de, www.landesmuseum-dithmarschen.de. Ostern-Okt Mo-Fr 10-16.30, Sa/So 11-16, Nov-Ostern Di-Fr 10-16, So 11-16 Uhr, Erw. € 3, Kinder (ab 6 J.) € 1, Fam. € 4,50]. Eine Attraktion im Altbau ist der prächtige Pesel des Landvogts Markus Swyn. Nebenan wird der Alltag der vergangenen 100 Jahre lebendig: Zu sehen sind etwa ein Operationssaal, ein Laden oder ein Klassenraum.

Zum Meldorfer Hafen

Sicher drängen die Zwerge schon: Sie wollen zur Nordsee! Den Schildern Speicherkoog/Badestelle Elpersbüttel folgend sind Sie in einer Viertelstunde da. Noch in den 1970er-Jahren hätte es nur wenige Minuten gedauert, denn vor der Eindeichung des Speicherkoogs lag Meldorf an der Küste. Über die Geschichte des jüngsten Dithmarscher Koogs informiert das **NABU-Nationalparkhaus „Wattwurm"**. Dort erfahren kleine Naturforscher, warum im Wöhrdener Loch Konikponys weiden und welche Schätze das Watt birgt [am Meldorfer Hafen, 25704 Meldorf, Tel. 04832-62 64, Wattwurm@nabu-sh.de, www.nabu-speicherkoog.de. Anfang April-Ende Sep Fr-So 12-17 Uhr u. auf Anfrage, Eintritt frei, Spenden willkommen].

An der **Badestelle Elpersbüttel** breiten Sie die Decke am Gründeich aus oder mieten einen Strandkorb und schauen den Kindern beim Matschen zu. In der Saison wird der Strand überwacht und ist kostenpflichtig [ab 15 J. € 1,50]; Spielplatz und Kiosk sind ebenfalls vorhanden. Übrigens: Es sind nur 15 Kilometer bis Büsum, wenn Sie vom Meldorfer Hafen aus am Deich entlangfahren.

Tour 3: Ausflug zu den Hummerklippen

Helgoland

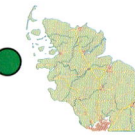

Wo: in der Deutschen Bucht, ca. 70 km nordwestlich von Büsum – Wie: per Flugzeug, Katamaran oder Bäderschiff, auf der Insel zu Fuß und mit dem Fahrstuhl – Dauer: Tagesausflug, Aufenthalt auf der Insel bis zu 4 Std. (lohnenswerter: 3 Tage) – Nicht vergessen: Fernglas, Sonnencreme, Badezeug

Einsam ragt ein roter Fels rund 70 Kilometer von der Küste aus dem Blau des Meeres: Helgoland. Viele Tagesgäste zieht es zum ausgiebigen Shoppen hierher, denn die Insel gilt „zolltechnisch" als Ausland. Doch jenseits der Duty-free-Shops gibt es für Familien auf dem ca. 1,7 Quadratkilometer kleinen Eiland viel zu entdecken: die reizvolle Landschaft, aufgeteilt in Unter-, Mittel- und Oberland, mit bizarren Klippen, die Zehntausenden Vögeln Zuflucht bieten, und grünen Bombenkratern aus dem Zweiten Weltkrieg, wo heute friedlich Kühe und Schafe weiden. Oder die vorgelagerte weiße Düne, die einen Strandurlaub fernab jeglichen Rummels bietet (siehe S. 20). Einer der berühmtesten Söhne der Insel ist James Krüss, 1926 auf Helgoland geboren. „Der Leuchtturm auf den Hummerklippen" oder „Mein Urgroßvater und ich" – viele seiner beliebten Kinderbücher handeln von seiner Heimatinsel.

Welkoam iip Lunn ...

... ist Halunder und bedeutet: Willkommen auf der Insel. Helgoländisch zählt zusammen mit den Dialekten von Föhr, Amrum und Sylt zum inselfriesischen Zweig des Nordfriesischen. Um das Aussterben der Sprache zu verhindern, wird sie an der James-Krüss-Schule sowie in Volkshochschulkursen gelehrt. Wer zu Hause ein bisschen üben möchte, dem sei der Deutsch-Halunder-Übersetzer http://helgolaendisch.de empfohlen.

Ein Tag oder mehr

Sie sehen, um Helgoland zu erkunden – wie im Übrigen die anderen Inseln auch –, ist ein Tag zu wenig, zumal Sie in der Regel nur 3 bis 4 Stunden Aufenthalt haben. Der Reiz der Insel entfaltet sich erst richtig, wenn die Tagesgäste am späten Nachmittag die Rückreise angetreten haben. Übernachtungsmöglichkeiten gibt es viele, von den Hotels und Apartments im Ober- und Unterland bis zum Bungalowdorf auf der Düne (siehe S. 109). Die Anreisemöglichkeiten sind vielfältig: Flugzeuge, Katamarane und Bäderschiffe nehmen in der Saison von verschiedenen Städten aus mehrmals täglich Kurs auf die Insel – alle zu nennen würde diesen Rahmen sprengen. Hier hilft das Team der **Helgoland Touristik** [im Rathaus, Lung Wai 28, 27498 Helgoland, Tel. 04725-20 67 99, zimmervermittlung@helgoland.de, www.helgoland.de] weiter, einen Anreiseplaner finden Sie auf der Homepage.

Ausgebootet

Urlauber an der Nordseeküste Schleswig-Holsteins starten in der Regel ab Büsum zum Helgolandtrip, entweder mit der **MS Funny Girl** [Reederei Cassen Eils, Karten in der „Helgoland-Kajüte" am Ankerplatz oder am Schiff, Hafenbecken 3, Am Ankerplatz, 25761 Büsum, Tel. 04834-93 82 20. April-Okt tgl., Tagesrückfahrt Erw. € 37, Kinder (4-15 J.) € 28, Fam. (Eltern u. 3 Kinder bis 15 J.) € 88, Mehrtagesfahrt (hin und zurück in 2 Mon.) € 43/€ 30/€ 119] oder mit der **MS Lady von Büsum** [Reederei Rahder, siehe S. 38, April-Okt Di-So, Tagesrückfahrt Erw. € 35, Kinder (4-15 J.) € 26, Fam. (Eltern u. 3 Kinder bis 15 J.) € 84; Mehrtagesfahrt € 41/€ 28/€ 115].

Die Schiffe legen – im Gegensatz zu den Katamaranen – nicht am Hafen an, sondern auf der Reede. Mithilfe der Seeleute steigen die Passagiere auf die 10 Meter langen Börteboote um, die sie zur Landungsbrücke bringen. Das „Ausbooten" allein ist ein Erlebnis für sich!

Per Lift aufs Oberland

Vorbei am Denkmal Heinrich Hoffmanns von Fallersleben, der 1841 auf Helgoland das „Lied der Deutschen" dichtete, gelangt man zur Tourist-Info (siehe oben) im Rathaus am Lung Wai.

Helgoland, das Brutrevier vieler Seevögel, aus deren Perspektive

Wer sich nicht in die umliegenden Duty-free-Shops stürzt, strebt weiter geradeaus Richtung Fahrstuhl, der Passagiere 50 Meter höher auf das **Oberland** befördert. Natürlich kann man auch zu Fuß gehen, doch gilt es, 184 Treppenstufen zu überwinden. Ein Tipp, falls der Andrang an Fahrstuhl und Treppe zu groß ist, ist das ein paar Schritte entfernt liegende Aquarium (siehe Kasten S. 45). Zum gut 3 Kilometer langen Klippenrandweg geht es links über die Straße Am Falm. Rund anderthalb Stunden sollten Sie für den Spaziergang über den gepflasterten Weg mit Info-Pyramiden zur Geschichte und Natur der Insel veranschlagen. Rechts erhebt sich bald der viereckige rote Leuchtturm, der im Zweiten Weltkrieg als Flakturm errichtet wurde. Weiter schlängelt sich der schmale Weg an den zerklüfteten Klippen entlang, die Namen wie „De Karkjaar en siin Wüf" oder „Groot Hel" tragen.

Vogelforschung

*Seit über 100 Jahren wird auf Helgoland Vogelforschung betrieben. Im Fanggarten der **Vogelwarte Helgoland** auf dem Oberland werden jährlich bis zu 12.000 Vögel gefangen, beringt und auf die Weiterreise geschickt. Wer sich für die Arbeit der Wissenschaftler interessiert, kann an einer Führung teilnehmen. Inselstation des Instituts für Vogelforschung „Vogelwarte Helgoland", An der Sapskuhle 511, 27498 Helgoland, Tel. 04725-640 20, helgoland@ifv-vogelwarte.de, www.vogelwarte-helgoland.de. Mitte März-Okt, Di u. Fr 16.30 Uhr, Eintritt frei, Spenden willkommen.*

Gleich geht's in die Tiefe: Lummennachwuchs vor dem Sprung ins Meer

Spektakel am Lummenfelsen

Je weiter man nach Nordwesten kommt, desto lauter wird's – von März bis August ist die Westseite Helgolands Brutplatz für Tausende von Seevögeln. Am lautesten ist es am **Lummenfelsen**, dem kleinsten Naturschutzgebiet der Welt: Hier tummeln sich zur Brutzeit rund 2000 Trottellummen-Paare, die ihre Nistplätze lautstark verteidigen. Ende Mai/Anfang Juni schlüpfen die Jungen und werden knappe drei Wochen von ihren Eltern gefüttert. In der Abenddämmerung von Anfang Juni bis Juli lässt sich ein faszinierendes Naturschauspiel beobachten: der „Lummensprung": Angelockt von den Eltern wagen die bis dahin flugunfähigen Kleinen den Sprung in die Tiefe und landen wohlbehalten in der Nordsee. Aber nicht nur die Trottellummen machen viel Lärm, auch bei anderen Vögeln ist der Felsen sehr begehrt: Zu beobachten sind etwa seltene Basstölpel, Tordalks, Dreizehenmöwen und Eissturmvögel.

Bröckelndes Wahrzeichen

Weiter die Klippen entlang erreichen die Entdecker die Nordwestspitze, an der sich das Wahrzeichen der Insel, die **Lange Anna**, erhebt. Sofern sie noch nicht eingestürzt ist. Sturmfluten, Frost und Erosion haben dem Naturdenkmal in den letzten 100 Jahren so zugesetzt, dass die oberen zwei Drittel jeden Moment abbrechen können. Die Sicherung des 47 Meter hohen Buntsandsteinfelsens würde Millionen kosten und wäre viel zu gefährlich, daher hat man entschieden, der Natur freien Lauf zu lassen.

Nun ist die Hälfte des Weges geschafft, zurück geht es am östlichen Klippenrand mit Blick auf die **Badedüne** und das Nord-Ost-Land mit Jugendherberge, Sportplätzen, Nordseehalle und Schwimmbad. Nach wenigen Schritten lohnt ein Abstecher nach rechts, zur höchsten Erhebung der Insel, dem gut 61 Meter hohen Pinneberg – zugleich höchster Berg des gleichnamigen Kreises, zu dem Helgoland gehört.

Hummer & Co

*Spannende Einsicht in die Unterwasserwelt der Nordsee gewährt das **Aquarium der Biologischen Anstalt Helgoland**. In 19 Becken tummeln sich Haie, Rochen und der selten gewordene blaue Helgoländer Hummer. Um den Bestand zu sichern, widmet sich die BAH u. a. der Hummeraufzucht. Regelmäßig werden Führungen durch das Ökolabor angeboten, in dem die Lobster gezüchtet und zwei Jahre lang gepäppelt werden, bis sie ins Meer gesetzt werden. Wer das Projekt unterstützen möchte, übernimmt eine Hummerpatenschaft. Aquarium: Kurpromenade 201, 27498 Helgoland, Tel. 04725-819-32 28, info@awi.de, www.awi.de. April-Okt Mo-Fr 10-17, Sa/So 13-16 Uhr, Nov-März auf Anfrage, Erw. € 3, Kinder (bis 16 J.) € 2. Ökolabor: Ostkaje 1118, Tel. 04725-819-0. Ostern-Okt, Erw. € 5, Kinder € 3, Hummerpatenschaft € 25/1 J. € 45/2 J.*

Folgen Sie weiter dem Klippenrandweg, der bald durch eine Kleingartenkolonie führt. Im Ort folgen Sie dem Weg links vor der Treppe hinunter zur Kurpromenade. Aufgepasst: Kinder geraten schnell ins Laufen bzw. Stolpern, denn es geht mit 40 Prozent Gefälle hinab!

Besuch bei James Krüss

In der Nordostseehalle ist das **Museum Helgoland** untergebracht. Ein Highlight ist der Museumshof mit dem Leuchtturm und den nachgebauten Hummerbuden. In dreien davon dreht sich alles um das Leben und Werk James Krüss'. Der Nachwuchs freut sich über Bücher, Hörspiele, Filme und die Malecke, während Eltern Postkarten und Zeichnungen des Dichters studieren. In den anderen Buden ist z. B. eine kleine Postausstellung zu bewunden, drei von ihnen sind manchmal Schauplatz kreativer Workshops für Kinder [Kurpromenade, Tel. 04725-12 92, info@museum-helgoland. de, www.museum-helgoland.de. März-Okt Di-So 10-14.30 Uhr, Erw. € 4, Kinder € 2, Kinderworkshops frei].

Die farbenfrohen Hummerbuden beherbergen Läden und Restaurants

Nationalgericht

*Wer die Knieper-Wochen im Juni verpasst hat und die Helgoländer Delikatesse (siehe S. 15) trotzdem kosten möchte, sollte z. B. in den **Mocca-Stuben** auf dem Oberland vorbeischauen. Auch ohne Meerestiere wird der Nachwuchs hier mit Schnitzel oder Pestonudeln glücklich, bei schönem Wetter auf der Terrasse. Hingstgars 447, 27498 Helgoland, Tel. 04725-12 53, www.mocca-stuben.de. Küche 12-15 u. 18-22 Uhr.*

Bunte Schuppen

Da sich die Besuchszeit für Tagesgäste langsam dem Ende zuneigt, spazieren sie zum Abschluss am besten zu den echten **Hummerbuden** am Hafen. Der Weg führt bis zum Ende der Promenade, vorbei an der Biologischen Anstalt und dem Aquarium (siehe Kasten S. 45) zum Südstrand. Rechter Hand sehen Sie schon die bunten Hütten, die früher den Fischern als Lager für Netze und Gerätschaften dienten. Heute finden sich hier Galerien, Läden, Cafés, Restaurants. Auch das Museum unterhält hier zwei Buden, zugleich Infozentrum und Standesamt, und ein paar Schritte weiter informieren die Naturschützer vom **Verein Jordsand** über Flora und Fauna der Insel [Bude 34-35. Kernzeit Di-So 10-16 Uhr, Eintritt frei, siehe auch Kasten S. 21]. Bevor es zurück zur Landungsbrücke geht, können Sie hier Souvenirs erstehen und den Hunger mit Fischbrötchen oder anderen Leckereien stillen.

Tour 4: Vom Holländerstädtchen zur Sandkiste am Strand

Friedrichstadt – Tönning – St. Peter-Ording

Wo: durch die Eiderstedter Marsch – Wie: mit dem Auto – Dauer: Tagesausflug – Nicht vergessen: evtl. Badezeug

Lust auf einen Abstecher nach Holland? Sie müssen gar nicht weit fahren, denn in Friedrichstadt sieht es genauso aus wie bei unseren westlichen Nachbarn. Klar, dass man hier eine Grachtenfahrt unternimmt. Auch auf der Halbinsel Eiderstedt haben niederländische Einwanderer Spuren hinterlassen: Sie brachten den Bauern bei, wie man Käse herstellt, der im großen Stil in Tönning umgeschlagen wurde. Heute kann man dort prima Fisch essen oder das Multimar Wattforum (siehe S. 91) besuchen. Die riesigen Haubarge, ein Markenzeichen Eiderstedts, sind ebenfalls eine holländische Erfindung. Unter den mächtigen Reetdächern der mehr oder weniger sturmflutsicheren Bauernhäuser waren früher Mensch, Vieh und Ernte untergebracht. Der Mars-Skipper-Hof bei Tönning ist ein besonderes Erlebnis für alle Kids: Hier gibt es viel Platz, mit allen Sinnen neue Erfahrungen zu machen. Und in St. Peter-Ording wird am langen Badestrand ordentlich gebuddelt – vielleicht finden Sie ja das „Gold der Nordsee"?

Amsterdam des Nordens

Herzog Friedrich III. von Schleswig-Gottorf träumte von einer mächtigen Handelsstadt am Zusammenfluss von Eider und Treene. Er heuerte Niederländer an, hervorragende Kaufleute und Deichbauer, und ab 1621 entstand „**Friedrichs Stadt**" ganz nach ihrem Geschmack: mit Grachten, einem rechtwinkligen Straßenplan und schmucken Giebelhäusern. Dafür erhielten die-

---

Radelnd zum Leuchtturm

*Der wohl schönste **Leuchtturm** der Nordseeküste steht bei **Westerhever**. Nachts strahlt er bis zu 50 km weit. Den 2,5 km langen Weg vom Parkplatz am Info-Haus, quer durch Salzwiesen und Schafherden, legt man am besten per Fahrrad zurück. Wer sich für eine Führung angemeldet hat und über 8 Jahre alt ist, darf auch die 157 Stufen hinaufklimmen, Tickets im Info-Haus (Ahndelweg 4, 25881 Westerhever, Tel. 04865-12 06, kontakt@westerhever-nordsee.de, www.westerhever-nordsee.de. Führung Mo/Mi 10, 11 u. stdl. 13-16 Uhr, Erw. € 4, Kinder € 2). Tipp: Für ein schönes Foto genügt's, ein paar Meter den Deich entlangzulaufen – aus der Ferne bekommen Sie den 41,5 Meter hohen Turm besser ins Bild.*

Bunte Giebelhäuser säumen den Friedrichstädter Marktplatz

Siedler u. a. die Glaubensfreiheit, und Remonstranten, Mennoniten, Juden, Katholiken und Lutheraner bauten bald ihre Gotteshäuser. Der Traum des Herzogs erfüllte sich zwar nicht, geblieben aber ist die romantische Kleinstadt mit ihrem holländischen Charme.

Vom Parkplatz 1 an der Tönninger Straße machen sich Stadtforscher auf zur „Blauen Brüch", von der man einen wunderbaren Blick über den Kanal und die Treene genießt. Am Eingang zur Westermarkstraße fällt das gelbe Eckgebäude auf: Es ist die ehemalige **Synagoge**, die 1938 zerstört wurde und seit 2002 Kultur- und Gedenkstätte ist. Wer mehr über die jüdische Gemeinde Friedrichstadts erfahren möchte, kann die Synagoge während einer Führung besichtigen. Auskünfte erteilt der Tourismusverein am Markt [Am Markt 9, 25840 Friedrichstadt, Tel. 04881-939 30, info@friedrichstadt.de, www.friedrichstadt.de]. Hier oder an den Anlegern bekommt man auch Tickets für eine **Grachtenfahrt**, die zu einem Besuch in der Holländerstadt dazugehört [Prinzen-Linie, ab Fürstenburggraben, Tel. 04881-93 75 97, info@grachtenfahrt.de, www.grachtenfahrt.de; Schröder-Linie, ab Treeneufer, Tel. 04881-87 63 95, info@grachtenschiffahrt.de, www.grachtenschiffahrt.de. April-Okt, Erw. € 7,50, Kinder (5-14 J.) € 3]. Wer lieber sein eigener Kapitän ist, mietet sich bei der Schröder-Linie ein Ruder- oder Tretboot für € 10 oder ein Elektroboot für € 20.

Als Stadtdetektive unterwegs

Bevor es losgeht, schauen Sie sich an Land um, zum Beispiel auf dem **Marktplatz** mit dem lustigen Pumpenhäuschen. Die Verse an den Giebeln stammen vom plattdeutschen Dichter Klaus Groth – ob die Großen sie ins Hochdeutsche übersetzen können? Ein hübsches Fotomotiv bietet die Westseite des Marktes mit neun Treppengiebelhäusern (in der Nummer 18 befindet sich eine Eisdiele) – so muss ganz Friedrichstadt früher ausgesehen haben. Achten Sie auf die Hausmarken oberhalb der Türen: Sie zeigen u. a. einen Sternenhimmel, einen Adler, eine Mühle. Diese „Gevelstene" sind die Vorläufer moderner Hausnummern und an vielen Häusern zu finden – wer die meisten entdeckt, bekommt ein Eis.

Blick vom Stadtmuseum in den Gebetssaal der mennonitischen Gemeinde

Zauberhafte Miniaturwelt

*Es blitzt und donnert, Feuerwerke erhellen den „Himmel", und unentwegt rattern Züge von der Küste ins Gebirge – eine Fantasiewelt im Ho-Maßstab lockt im **Modellbahn-Zauber**. Kleine Eisenbahnfans dürfen auf der Besucherstrecke eigene Loks auf die Reise schicken und per Knopfdruck Fahrgeschäfte und Windräder in Bewegung setzen. Brückenstr. 18, 25840 Friedrichstadt, Tel. 04881-93 88 58, info@ modellbahn-zauber.de, www. modellbahn-zauber.de. 1. Woche vor Ostern-Okt tgl. 11-18, Nov-Jan Sa/So 11-17 Uhr, Weihnachten-Anf. Jan tgl., Erw. € 7, Kinder (6-15 J.) € 4,50, Fam. € 17).*

In der Alten Münze am Mittelburggraben informiert das **Stadtmuseum** über Geschichte, religiöse Toleranz und den Alltag in Friedrichstadt [Am Mittelburgwall 23, 25840 Friedrichstadt, Tel. 04881-874 22 und 15 11, c.thomsen@museum-friedrichstadt.de, www.museum-friedrichstadt.de. Juli-Aug tgl., Mai-Sep Di-So 11-17, April-Okt Di-Fr 15-17 Uhr, Erw. € 2,50, Kinder € 2, Fam. € 5,50]. Von hier aus können Eltern einen Blick in den Gebetssaal der Mennoniten werfen, der im Anbau untergebracht ist, während die Kinder bei der Museumsrallye durch die Räume wuseln oder sich in der Spielecke amüsieren. Im Anschluss an den Streifzug duch die besondere Geschichte der

Holländerstadt geht's nun endlich zu den Schiffsanlegern, um sie vom Wasser aus zu entdecken.

Fischimbiss und Weihnachtskalender

Rund 17 Kilometer weiter liegt das Hafenstädtchen **Tönning** an der Eider [Tourist- und Freizeitbetriebe Tönning, Am Markt 1, 25832 Tönning, Tel. 04861-614 20, info@toenning.de, www.toenning.de]. Vom Marktplatz vor der St.-Laurentius-Kirche spazieren Sie durch den **Schlossgarten** (mit Spielplatz!) – das einstige Schloss ist nur noch als Minia-

Idyllisch, aber ehemals von großer Bedeutung: der Tönninger Hafen

> ## Gartenidyll mit Sahnehaube
> *Einer der schönsten Parks Nordfrieslands liegt in Tating: der **Hochdorfer Garten**. Im ehemaligen Sommerhaus offeriert das Galerie-Café Schweizer Haus nicht nur eine Kinderkarte mit Pasta, Würstchen, Puffern, sondern auch riesige Tortenstücke. Draußen sitzt man mitten in der idyllischen Barockanlage mit Lindenrondellen und künstlicher Ruine, die von den Kindern gern erforscht wird, während die Eltern Kaffee trinken. Düsternbrook 10, 25881 Tating, Tel. 04862-10 26 87, schweizer-haus@t-online.de. März-Okt Mi-Sa 12-22, So 10-22, Nov-März Fr/Sa 14-22, So 10-22 Uhr.*

tur im Schlossgraben zu bewundern und dient Enten als Unterschlupf. Wenn die Meute hungrig ist, führt der Weg zur Südseite des Hafens zum **Fischladen in der Alten Fischereigenossenschaft**. Im Wintergarten speist man mittags leckere Fischgerichte, Bratkartoffeln oder Krabbenbrötchen. Wer frische Meerestiere, Geräuchertes oder Salate mitnehmen möchte, kann sich das Gewünschte auch im Kühlraum aussuchen [Am Eiderdeich 12, 25832 Tönning, Tel. 04861-961 60, www.krabbenundfisch.de].

Anschließend schauen Sie sich kurz das **Packhaus** von 1783 an [Am Eiderdeich 18, 25832 Tönning, www.packhaus-toenning.de]. Der wuchtige Bau lässt den Ruhm vergangener Zeiten erahnen: Im 17. Jahrhundert wurden hier tonnenweise Korn und Käse verschifft, nach dem Bau des Eider-Kanals (1777-1784) war Tönning wichtigster Hafen auf der Nordseeseite. Heute dient das Packhaus als Veranstaltungszentrum [Termine auf der Website], und in der Weihnachtszeit erstrahlt es als längster Adventskalender der Welt. Über die weiße Brücke gelangen Sie auf die andere Hafenseite mit der Kulisse aus gepflegten Bürgerhäusern, Restaurants und Cafés. Vorbei am **Schifferhaus** von 1625, früher eine berühmte Navigationsschule, geht es zurück zum Auto.

Sinnliche Erlebnisse
Kurz hinter Tönning weist ein Schild zum Haubarg **Mars-Skipper-Hof** [Ein Garten für die Sinne e. V., Gardinger Chaussee 3, 25832 Kotzenbüll, Tel. 04861-61 74 80, info@eingartenfuerdiesinne.de, www.eingartenfuerdiesinne. de. Di-Fr 14-19, Sa, So 11-19 Uhr, Erw. € 5, Kinder (ab 6 J.) € 4/(bis 5 J.) € 3, Fam. € 12]. Wasserklangschalen, Wackelbrücke, Barfußpfad – auf dem riesigen Gelände erleben Kinder mit allen Sinnen die Natur. Bei Schietwetter bietet das Innere des Haubargs Abwechslung: Im ehemaligen Stall warten zahlreiche Spielstationen, darunter mit Sand befüllte Klangschalen, die Schwingungen sehen, hören und spüren lassen. Faszinierend ist der Bewegungs- und Entspannungsraum im historischen Vierkant mit seinem beeindruckenden Gebälk, wo einst die Ernte lagerte. Wer sonntags kommt, wird seinen Nachwuchs kaum loseisen können: Dann ist Familientag, und ab 14 Uhr gibt es Mitmachangebote wie Filzen oder Windspielebasteln.

Strand und mehr in St. Peter-Ording
Vorbei an Kühen, Schafen und Pferden geht es über Garding und Tating nach **St. Peter-Ording** (siehe auch Strände, S. 22). Sollte der Wettergott ungnädig sein, bietet sich ein Besuch im Ortsteil **Dorf** an. Ein paar Schritte vom Markt [Parken kostenlos], gegenüber der Kirche St. Peter, finden Sie das **Museum der Landschaft Eiderstedt** [Olsdorfer Str. 6, 25826 St. Peter-Ording, Tel. 04863-12 26, info@museum-landschaft-eiderstedt. de, www.museum-landschaft-eiderstedt. de. Di-Sa 10-17, So 10-13 Uhr, Erw. mit Gästekarte € 3, sonst € 4,50, Kinder € 1]. In dem reetgedeckten Friesenhaus wird der einstige Alltag auf der Halbinsel lebendig: Bodenfunde, Dioramen und zahlreiche Originalstücke, darunter z. B. auch historische Uhren oder meteorologische Instrumente, sind zu bestaunen. Gleich um die Ecke kann man bei **Boy Jöns** nicht nur das „Gold des Nordens" kaufen, sondern sich im angeschlos-

Ein Friesenhaus ist Heimat des Museums der Landschaft Eiderstedt

Mittelpunkt des St. Peter-Ordinger Ortsteils Dorf ist die Kirche St. Peter (siehe S. 51)

senen Museum informieren, wie der Bernstein an den Strand kommt und wie man ihn findet. Tipp: die **Schleifkurse** für Kinder [Nordsee-Bernstein-Museum und Laden, Dorfstr. 15, 25826 St. Peter-Ording, Tel. 04863-56 11, info@bern steinmuseum.de, www.bernsteinmuse um.de. April-Okt Mo-Fr 9.30-18, Sa 9.30-13, So 11-17 Uhr, Nov-März abweichende Zeiten, Museum: Erw. € 2, Kinder € 1, Fam. € 5, Schleifkurs € 6].

Bei schönem Wetter wollen natürlich alle ans Meer. Angesichts der Tageszeit fahren Sie am besten auf den **Böhler Strand**, auch wenn das Parken mit € 6 plus Kurtaxe zu Buche schlägt. Auf der Terrasse des Pfahlbau-Restaurants **See- kiste** lassen Sie den Tag bei Fisch, Krab- ben oder Pfannkuchen ausklingen [Am Böhler Strand, 25826 St. Peter-Ording, Tel. 04863-47 67 57. Tgl. 10.30-22 Uhr].

Kinderprogramm

Die Kids wollen lieber mit Gleichaltrigen spielen, statt mit Mama und Papa Museen angucken? Kein Problem: Im **Kinderspielhaus** *in St. Peter-Dorf werden sie bestens betreut. Hier ist fünf Tage in der Woche etwas los, sei es auf der Hüpf- burg oder im Bällebad. Es wird gebastelt, vorgelesen, erzählt, und bei schönem Wetter geht's raus. Manchmal sind Clowns, Puppenspieler oder Zauberer zu Besuch. Dorfstr. 57, 25826 St. Peter-Ording, Infos über die Tourismus-Zentrale: Tel. 04863-99 92 21, Mo-Fr 10-12, 13-16 Uhr.*

Tour 5: Unterwegs in Theodor Storms Geburtsstadt

Husum • Simonsberg

Wo: Husumer Bucht und Eiderstedt – Wie: zu Fuß und mit dem Auto – Dauer: Tagesausflug – Nicht vergessen: Badesachen, Picknickdecke, das Buch „Die Regentrude: Ein Bilderbuch nach dem Märchen von Theodor Storm" für Kinder (ab 5 J.)

Als „graue Stadt am Meer" bezeichnete Theodor Storm **Husum** in seinem Gedicht „Die Stadt". Dass das durchaus nicht stimmt – und obendrein liebevoll gemeint war –, davon können sich Urlauber bei einem Bummel durch die Gassen mit den bunten Giebelhäusern überzeugen. Natürlich steht die Hafenstadt ganz im Zeichen ihres berühmten Sohnes. Darüber hinaus gibt es viel zu entdecken: zahlreiche Museen, geheimnisvolle Kunstobjekte oder ein königliches Schloss. Picken Sie sich einfach das heraus, was Ihrer Familie Spaß macht. Bei Badewetter lässt sich die Tour spontan verkürzen und mit einem Strandbesuch beenden.

„Kind der Sturmflut"
Husum war einst eine unbedeutende Siedlung am Flüsschen Mühlenau. Das änderte sich 1362, als die „Grote Mandränke" große Teile der Küste überflutete. Während Rungholt in den Fluten versank, erlangte Husum über Nacht Zugang zur See und entwickelte

sich schnell zum bedeutenden Hafen und Handelsplatz. Um die Erhebung zur Stadt voranzutreiben, unterstützten die Husumer 1472 Gerhard von Oldenburg bei der Rebellion gegen den dänischen König Christian I. Der machte kurzen Prozess, ließ den Ort besetzen und die etwa 70 Rädelsführer hinrichten. Erst 1603 durfte sich Husum Stadt nennen. Der Hafen verlor im Lauf der Jahrhunderte an Bedeutung, ihren maritimen Charme hat sich die Stadt aber bewahrt.

Denkmal für den berühmtesten Husumer, Theodor Storm

Anfassen, ausprobieren, lauschen

*Was geschah damals mit der Insel Rungholt? Wie wird die Küste heute geschützt? Fragen rund um das Leben an der Nordsee werden im **Nordsee Museum** interaktiv beantwortet: Da kann kind sich als Archäologe am Scherbenpuzzle erproben, auf dem Wasserspielplatz Sturmfluten simulieren oder den „Kleinen Häwelmann" auf Nordfriesisch hören. In den Ferien gibt's Bastel- und Entdeckerangebote. Museumsstifter Ludwig Nissen war Amtsgerichtsschreiber unter Theodor Storm, bis er nach New York ging und als Juwelenhändler Millionen verdiente. Nordsee Museum Husum Nissenhaus, Herzog-Adolf-Str. 25, 25813 Husum, Tel. 04841-25 45, info@ museumsverbund-nordfriesland. de, www.museumsverbund-nordfriesland.de. April-Okt tgl. 10-17, Nov-März Di-So 11-17 Uhr, Erw. € 5, Kinder € 2.*

Krabbenkutter und Zuckerschiff

Einen ersten Eindruck verschaffen sich die Ausflügler am Startpunkt der Tour: vor dem eindrucksvollen modernen **Rathaus**, das am Binnenhafen auf dem ehemaligen Werftgelände liegt. Von hier aus bietet sich ein Panoramablick auf die gegenüberliegenden Häuserzeilen, über Krabbenkutter und Sportboote – die bei Ebbe auf dem Trockenen liegen. Am Infoschalter im Rathaus [Zingel 13, 25813 Husum, Tel. 04841-66 60, info@husum. de, www.husum.org] oder in der Tourist-Information (siehe S. 56) erhalten in den Sommerferien alle Kids (6-18 J.) den Husumer Ferienpass für € 5. Der Ausweis dient z. B. als Ticket für den Stadtbus, Spiel- und Sportaktionen und alle Husumer Museen. Gegenüber dem Rathaus steht das **Schiffahrtsmuseum Nordfriesland** [Zingel 15, 25813 Husum, Tel. 04841-52 57, schiffahrtsmuseum-nf@t-online.de, www.schiffahrtsmuseum-nf.de. Tgl. 10-17 Uhr, Erw. € 3, Kinder € 1,50, Fam. € 7,50, jeden 4. So im Monat Eintritt frei]. Größter Hit ist das „Uelvesbüller Wrack" im Untergeschoss, ein vor 400 Jahren gestrandeter Frachtensegler, der 1994 geborgen und zwei Jahre lang in einer Zuckerlösung konserviert wurde.

In Storms guter Stube

An der Rückseite des Rathauses entlang, vorbei am Tonnenleger „Hildegard", einer Außenstelle des Schiffahrtsmuseums, geht es zur Fußgängerbrücke über den Binnenhafen. Geradeaus durch den Hafengang ist das **Storm-Museum** erreicht. In dem Kaufmannshaus lebte der „realistische Poet" von 1866 bis 1880 mit Frau und acht Kindern und schrieb u. a. die Novellen „Pole Poppenspäler" und „Aquis submersus". Für die ganz Kleinen ist ein Besuch sicher langweilig, aber die Großen sollten sich das „Poetenstübchen" oder das Wohnzimmer mit dem Klavier, auf dem Storm täglich zu spielen pflegte, ansehen [Theodor-Storm-Gesellschaft, Wasserreihe 31, 25813 Husum, Tel. 04841-803 86 30,

info@storm-gesellschaft.de, www.storm-gesellschaft.de. April-Okt Di-Fr 10-17, Sa 11-17, So/Mo 14-17, Nov-März Di, Do, Sa 14-17 Uhr, Erw. € 3, Kinder € 2].
Danach bummeln alle die Wasserreihe hinunter bis zur Kleikuhle. Wie wäre es mit einem Snack? Fischbrötchen und warme Leckereien gibt's z. B. beim **Fischhaus Loof** [Kleikuhle, 25813 Husum, Tel. 04841-20 34, info@fisch haus-loof.de, www.fischhaus-loof.de].
Auf der Restaurantterrasse gibt es viel zu gucken: Zwei Klappbrücken trennen den Binnen- vom Außenhafen. Hier startet die Fangflotte zu den Fischgründen in der Nordsee. Vielleicht haben Sie Glück und können direkt vom Kutter Krabben kaufen.

Vom Hafen zum Markt

Husums „Promenade" mit vielen Restaurants und Geschäften ist die

Storm-Museum: Auch ein Blick in die gute Stube des Dichters ist möglich

schmucke Hafenstraße. Richtung Zentrum flanierend, bewundern die Stadtbummler erneut den Binnenhafen mit Rathaus im Hintergrund. Am **Nationalpark-Haus** lohnt ein Stopp, um sich in der kleinen Ausstellung über Vögel und Wasserbewohner des Nationalparks und das Angebot an (Watt-)Führungen zu informieren [Hafenstr. 3, 25813 Husum, Tel. 04841-66 85 30, info@nationalpark haus-husum.de, www.nationalparkhaus-husum.de. März-Dez Mo-Sa 10-18, So/Feiertage 14-18, Jan/Feb nur bis 17 Uhr, Eintritt frei, Spenden erwünscht]. Über die Hohle Gasse – in Haus Nr. 3 verbrachte Storm seine Jugend – und rechts in die Großstraße gelangen Sie zum Marktplatz mit dem **Tine-Brunnen**, dem heimlichen Wahrzeichen Husums, um den donnerstags und im Sommer auch samstags der Wochenmarkt abgehalten wird [7-13 Uhr].

Eis und alte Gemäuer

Hinter dem Brunnen erhebt sich die klassizistische **Marienkirche** [tgl. 11-16 Uhr], 1829-1833 nach Plänen des

Spielerischer Stadtbummel

Sicher haben Ihre Kids die 16 Stahlpfosten vor dem Rathaus gleich erspäht. Die „Hüsermaken" markieren den Anfang der Historischen Spiellinie: In rote und blaue Ziegel eingebrannt, schlängeln sich die Worte des Gedichts „Die Stadt" rund um den Binnenhafen. Wer ihnen folgt, gelangt zu drei weiteren Spiel-Kunst-Objekten – die Stadtdetektive auch auf unserer Tour finden werden. So viel sei verraten: „Hüsermaken" ist ein Memory-Spiel mit Bilderpaaren von Husumer Häusern.

dänischen Staatsbaumeisters Christian Frederik Hansen erbaut. Sollten sich bereits Ermüdungserscheinungen einstellen, hilft ein Eis von **Cortina** an der Südseite des Marktes [Markt 22, 25813 Husum, Tel. 04841-26 90]. Damit fällt der Weg zum Schloss gleich viel leichter! Der führt zur Nordseite des Marktes, vorbei am Geburtshaus Storms (Markt 9). Drei Häuser weiter links steht der älteste Bau der Stadt, das Herrenhaus (um 1400). Zeigen Sie Ihren Kindern die Sandsteinköpfe am Stufengiebel: Der Legende nach sollen sie die Rebellen darstellen, die der Dänenkönig 1472 hinrichten ließ. Im Nachbargebäude, dem Historischen Rathaus von 1601, residiert die **Tourist-Information** [Großstr. 27, 25813 Husum, Tel. 04841-898 70, info@ husum-tourismus.de, www.husum-tou rismus.de].

Toben im Schlosspark

Marschieren Sie durch den Rathaus-Torbogen den Schlossgang hinauf, um nach wenigen Minuten vor dem **Schloss** zu stehen. Die einstige Renaissance-Anlage, 1577-1582 unter Herzog Adolf von Schleswig-Holstein-Gottorf errichtet, wurde um 1750 im barocken Stil umgestaltet, um dem dänischen König zeitweilig als Residenz zu dienen. Wer mag, wandelt durch die repräsentativen Räume, begutachtet die Alabasterkamine, die Kapelle und das Verlies [Schloss vor Husum, König-Friedrich-V.-Allee, 25813 Husum, Tel. 04841-897 31 30 u. 25 45, info@ museumsverbund-nordfriesland.de,

Das prächtige Torhaus des Schlosses vor Husum

Sommerspiele

Im Juli und August erwartet Fans von Kasperle & Co ein besonderes Vergnügen: Sonntags um 11.15 Uhr gibt es im Südflügel des Schlosses **Puppentheater für Kinder** *ab 3 bzw. 4 Jahren (Erw. € 8, Kinder € 5). Organisiert wird der Spaß vom Förderkreis Pole Poppenspäler e. V., der auch die Pole Poppenspäler Tage (siehe auch S. 116) veranstaltet und das* **Poppenspäler Museum** *betreibt. Die Sammlung umfasst etwa 500 Puppen, dazu Requisiten, Kuriositäten und eine Bühne, auf der die Lütten eigene Vorstellungen geben dürfen. Da der Verein bei Redaktionsschluss auf der Suche nach neuen Räumlichkeiten war, informieren Sie sich am besten über husum@ pole-poppenspaeler.de, www. pole-poppenspaeler.de über den genauen Standort etc.*

www.museumsverbund-nordfriesland. de. März–Okt Di–So 11–17, Nov–Feb Sa/So 11–17 Uhr, Erw. € 5, Kinder (ab 13 J.) € 2, Fam. € 12, mit Führung nach Anmeldung. Juni–Okt 11.30 Uhr, € 6,50/5, Kombikarte Schloss, NordseeMuseum, Ostenfelder Bauernhaus € 10/4/24].
Die Kids zieht es in den Schlosspark, denn links hinter dem Parktor gibt es einen Spielplatz – und Bänke zum Verschnaufen. Im Frühjahr zeigt sich der Park von seiner schönsten Seite: Über vier Millionen Krokusse verwandeln ihn in ein lila Blütenmeer und locken Besucher von weit her (siehe S. 115).
Neue Kraft geschöpft? Wer jetzt noch mehr von Husum entdecken möchte, unternimmt einen Abstecher zum Weihnachtshaus (siehe S. 113) und wenige Schritte weiter zum Freilichtmuseum Ostenfelder Bauernhaus (siehe S. 122).

Baden, buddeln und tafeln

Alle anderen steigen ins Auto und machen sich auf den Weg Richtung Simonsberg. Die **Badestelle Lundenbergsand** ist in gut 10 Autominuten erreicht [in der Hauptsaison DLRG-bewacht, Eintritt frei]. Ein kleiner, aufgeschütteter Sandstrand lädt zum Burgenbauen ein, der Spielplatz zum Auspowern. Auch Drachen sind erlaubt. Und bei Ebbe findet sich immer noch genug Wasser zum Planschen im Speicherbecken hinter dem Deich.

Roter Haubarg

Nur 10 Minuten von Lundenbergsand liegt einer der berühmtesten Haubarge Eiderstedts. Hier werden regionale Köstlichkeiten serviert – entweder in den hübschen Stuben oder auf der Terrasse mit Blick auf den parkähnlichen Garten. Das mächtige Reetdach beherbergt zudem ein Museum, das über das Leben auf einem Haubarg informiert. Sand 5, 25889 Witzwort, Tel. 04864-845, k.reck@roterhaubarg.de, www. Roterhaubarg.de. Di–So 11–22 Uhr, Eintritt frei.

Tour 6: Natur pur und ein Besuch bei Emil Nolde

Hamburger Hallig • Dagebüll • Niebüll • Neukirchen • Seebüll

Wo: mittleres Nordfriesland und Südtondern – Wie: mit dem Auto, per Fahrrad und zu Fuß – Dauer: Tagesausflug – Nicht vergessen: Picknickkorb, Badezeug, Fernglas, das Buch „Emil Nolde für Kinder" (ab 8 J.)

Ein Ausflug ganz nach Kindergeschmack: radeln, am Strand picknicken, baden oder im Schlick herumtapsen, Tiere streicheln. Aber auch Eltern kommen nicht zu kurz, denn oben im Norden besuchen Sie das Haus von Emil Nolde, Deutschlands berühmten Expressionisten. Ein großer Teil der Strecke, die von der Hamburger Hallig bis fast an die dänische Grenze führt, verläuft parallel zum Nordseeküsten-Radweg und bietet landschaftlich reizvolle Ausblicke. Da gerät die Autofahrt zur Nebensache. Die Tour eignet sich auch für alle, die auf dem Weg nach oder von Amrum, Föhr oder Sylt noch ein, zwei Tage die Küste erkunden wollen.

Land im Meer

Heut beginnt's sportlich: mit einer Radtour zur Hallig. Wie das? Seit rund 140 Jahren ist die **Hamburger Hallig** durch einen Damm mit dem Festland verbunden. Ursprünglich gehörte sie zum Vorland der Insel Alt-Nordstrand und wurde ab 1624 von den Brüdern Amsinck aus Hamburg bedeicht. Die Burchardiflut

---

Köstliches aus der Region

Wer Picknickzutaten benötigt, ist auf dem **Moordeichhof** bei Fahretoft richtig. Ponys, Schafe, Ziegen, Kaninchen, Hund und Katze freuen sich über Kunden, die im Hofladen Lammfleisch und -wurst, Schaf- und Ziegenkäse, Halligbutter, Säfte, Konfitüre, Eingemachtes, aber auch Spielwaren oder Schafsmilchseife erstehen. Zudem: Unterkünfte für Feriengäste. Fam. Petersen, Bottschlotter Weg 1, 25899 Dagebüll (Fahretoft), Tel. 04674-858, moordeichhof@freenet.de, www.moordeichhof.de. Mo-Fr 9-13, 15-18, Sa 9-13 Uhr u. n. V.

---

von 1634 zerstörte große Teile des neuen Koogs, der nach und nach zur Hallig wurde. Heutzutage kann man den Damm sogar mit dem Auto befahren [Maut € 5], doch radelnd lassen sich die Landschaft und die klare Luft viel besser genießen. Startpunkt ist der Parkplatz am **Amsinck-Haus** an der Zufahrt zur Hallig [Sönke-Nissen-Koog 36a, 25821 Reußenköge, Tel. 04671-92 71 54, info@amsinck-haus.de, www.amsinck-haus.de. April-Okt tgl. 10-18 Uhr, Eintritt frei, Spenden erwünscht]. Hier kann man für € 1,50 unkompliziert Fahrräder für alle leihen (ohne Gangschaltung!). Wenn niemand da ist, holen Sie sich die Drahtesel aus dem Schuppen und werfen Sie das Geld in den Kassenschlitz. Wer einen Kindersitz benötigt, sollte früh kommen: Es gibt nur vier! Bevor es losgeht, informieren Sie sich im Amsinck-Haus über Natur und Geschichte der Region: Sechs typische Vertreter Nordfrieslands führen in Hörspielen durch die Ausstellung, so etwa der Nationalpark-Ranger, der mit jedem Vogel per Du ist, oder ein Wasserwerker, der aufpasst, dass man hinterm Deich keine nassen Füße bekommt.

Schafe haben Vorfahrt

Die ca. 4 Kilometer durch die Salzwiesen schafft man locker in zwanzig Minuten, sofern es nicht ordentlich pustet. Mit

Glück begegnen den Radlern neben Schafen auch Austernfischer, Säbelschnäbler oder Rotschenkel, im Sommer blühen Strandastern und Strandflieder. Auf halber Strecke passieren Sie die kleine **NABU-Station** auf dem Schafberg [Claus-Jürgen-Reitmann-Haus, Tel. 04671-62 68, Hamburger.Hallig@NABU-SH.de. www.nabu-sh.de. April-Okt, keine festen Zeiten]. Die ehrenamtlichen Mitarbeiter halten Infomaterial bereit und beantworten gern Fragen rund um ihre Arbeit. Auf der eigentlichen Hallig erhebt sich neben einer **Nationalpark-Station** mit Wattwerkstatt [Tel. 04861-962 00, April-Mitte Okt fast tgl. besetzt] der schmucke **Hallig-Krog** [25821 Reußenköge, Tel. 04671-94 27 88, info@hallig-krog.de, www.hallig-krog.de. April-Okt tgl. ab

Auf die Hamburger Hallig gelangen Sie am besten mit dem (Miet-)Fahrrad

11 Uhr, sonst abweichende Zeiten, nicht bei „Landunter"]. Zum Essen ist es noch zu früh, aber Bänke laden zum Verweilen ein, und für die Kids gibt's einen Spielplatz. Bei guter Sicht entdecken Sie vielleicht die Halligen Gröde und Langeneß am Horizont.

Picknick an der Badebude

Nach der Rückfahrt mit Rückenwind satteln Sie das Auto und biegen hinter dem Amsinck-Haus links in den **Sönke-Nissen-Koog**, der übergeht in den **Hauke-Haien-Koog**. Ab Ockholm führt die Straße direkt am Deich entlang, links Schafe und rechts die Speicherbecken, wo von Juli bis September Hunderte von Graugänsen zu sehen sind. Hinter dem Hafen Schlüttsiel, von dem die Fähren nach Amrum, Langeneß, Gröde und Hooge ablegen, kommt bald **Dagebüll** in Sicht [Dagebüll-Niebüll Touristik, Am Badedeich 1, 25899 Dagebüll, Tel.

> ## Der Weg ist das Ziel
> *Sportliche lockt es nach **Leck**: Auf 23 Schienenkilometern geht es per Fahrraddraisine durch Wiesen, Wald und Heide nach Unaften, Kreis Flensburg. Natürlich sind auch kürzere Etappen machbar. Wer größer als 1,50 m ist, darf in die Pedale treten. 12 km von Niebüll, Büllsbüller Chaussee 1a, 25917 Leck, Tel. 04841-93 97 47, juergen. schlichte@t-online.de, www. draisinentour-nf.de. April-Okt tgl., gestaffelte Preise z. B. Mai-Sep Mo-Fr: Erw. € 10,50, Kinder (13-16 J.) € 9, (7-12 J.) € 7, bis 6 J. frei, Mindestpreis € 28.*

In Dagebüll wird der Deich von bunten Badebuden gesäumt

04667-950 00]. Wer mag, fährt kurz auf die Hafenmole, um das Wechselspiel zwischen ein- und auslaufenden Fähren nach Föhr und Amrum zu begucken. Geradeaus in den Ort und hinterm Strandhotel rechts an der Straße Am Badedeich finden Sie den **Strandparkplatz** [Erw. € 1, Kinder € 0,50 inkl. Strandzutritt]. Auf der grünen Wiese am Deich wird es Zeit, den Picknickkorb auszupacken. Falls es sehr windet, findet man ein geschütztes Plätzchen hinter einer der bunten Badebuden, die den Einheimischen gehören und von Generation zu Generation weitervererbt werden. Zum Wasser – sofern es da ist – führen Treppen, und bei Ebbe kann man bis zur Hallig Oland laufen – natürlich nur unter ortskundiger Führung [Infos bei der Tourist-Info, s. o.]. Vielleicht beim nächsten Besuch?

Niebüll für Kids

Nach der Pause am Strand verlassen Sie die Küste und erreichen in gut 15 Minuten **Niebüll**, das den meisten nur als Autoverladestation nach Sylt bekannt ist [Touristinformation Niebüll, Rathausplatz, 25892 Niebüll, Tel. 04661-94 10 15, niebuell@nf-tourismus.de, www. niebuell.de]. Wer länger in der Region bleibt, sollte sich das Städtchen anschauen: Rund um den Rathausplatz laden Geschäfte, (Eis-)Cafés und Restaurants ein, Kunstinteressierte zieht es ins **Richard-Haizmann-Museum**. Bekannt wurde der Künstler Haizmann (1895-1963) durch seine fließend geformten Tierplastiken, die auch Kinder faszinieren. Im Museum kann man nicht nur seine Werke und wechselnde Ausstellungen moderner Kunst begutachten: Regelmäßig und vor allem in den Ferien öffnet

„Morgenrötliche Erhebung": eine Plastik von Richard Haizmann

sich die Tür der **Kindermalschule** für kleine Nachwuchskünstler [Rathausplatz 2, 25899 Niebüll, Tel. 04661-10 10, www. haizmann-museum.de. Di-Fr 11-16.30, Sa 11-13, So 14-17 Uhr, im Winter Sonderzeiten, Eintritt frei, Kinderkurse € 2,50]. Ein „tierisches" Erlebnis ist das **Naturkundemuseum**, das kindgerecht die Natur Nordfrieslands und den Nationalpark Wattenmeer veranschaulicht [Hauptstr. 108, 25899 Niebüll, Tel. 04661-56 91, info@nkm-niebuell.de, www.nkm-niebuell.de. April-Okt Di-So 14-17.30 Uhr, Juni-Aug auch Mo u. n. V., Erw. € 2,50, Kinder (ab 6 J.) € 1]. Nicht nur zahlreiche Präparate in naturgetreuen Dioramen – etwa eine Sandbank mit Seehunden –, auch „echte" Tiere wie Fische, Krebse und lebende Bienen sind zu sehen. Bastelnachmittage, Exkursio-

Der Barfußgarten verspricht sinnliche und tierische Erlebnisse

führt. Überall warten Entdeckungen: Schmetterlingsgarten, Kräuterspirale, Naschgarten, Elfengarten … und Tiere wie Schildkröten, Hühner, Schwäne, Schafe oder Hängebauchschweine, die sich gern den Bauch kraulen lassen [Fam. Golomb-Petersen, Südfrersbüll 30a, 25927 Neukirchen, Tel. 04664-810 u. 0174-415 88 38, barfussgarten@web.de, www.bauernhof-barfussgarten.de. Mai-Okt Mi-Fr 12-18, Sa/So 10-18 Uhr, abweichend je nach Witterung, Erw. € 3,50, Kinder (bis 15 J.) € 2].

Im Rausch der Farben

Nun sind es noch 5 Kilometer bis zum **Nolde-Museum** [Nolde Stiftung Seebüll,

nen und vieles mehr bieten Abwechslung im Urlaubsalltag.

Barfuß durch den Streichelzoo

Nonstop durch Niebüll rollt, wer heute noch zu Emil Nolde will. Folgen Sie bei Langstoft den Schildern zum Nolde-Museum und nehmen Sie die schmale Straße durch den Gotteskoog – keine Angst vor Gegenverkehr: Im größten Koog Nordfrieslands begegnet man kaum einer Menschenseele. Oder Sie fahren über Neukirchen: Hinter dem Ort, Richtung Rodenäs, weist ein Schild zum **Barfußgarten**. Am Eingang warten Kaninchen und Meerschweinchen auf Streicheleinheiten, bis sich die Kids der Schuhe entledigt haben, rechts traben neugierig Pferde an den Zaun. Ein Kassenhäuschen gibt es nicht, es ist immer jemand da, der die Besucher begrüßt und alles erklärt. Holzblumen weisen den Weg, der über Gras, Steine, Matsch etc. durch den üppigen Bauerngarten

Kostümspaß

*Klanxbüll hat mehr zu bieten als den letzten Bahnhof vor Sylt: z. B. das **Infozentrum Wiedingharde**. Das nette Team gibt Tipps zur Urlaubsgestaltung von der Unterkunft bis zum Windmühlenklettern, die kleine Ausstellung informiert über die Wiedingharde, früher eine Insel- und Halligenlandschaft. Verkleidet etwa als Schaf oder Austernfischer erfahren Kinder, wie eine Windkraftanlage funktioniert oder wie es im Innern einer Strandschnecke aussieht. Toft 1, 25924 Klanxbüll, Tel. 04668-313, info.wied@t-online.de, www.wiedingharder-infozentrum.de. Juni-Sep Mo-Sa 9-16, So 9-12, Okt-Mai Mo-Sa 9-12 Uhr, Eintritt frei.*

25927 Neukirchen, Tel. 04664-98 39 30, info@nolde-stiftung.de, www.nolde-stiftung.de. Ende Feb-Ende Nov tgl. 10-18, Juni-Sep Do auch bis 20 Uhr, Erw. € 8, Schüler € 3]. Vom Parkplatz führt ein kurzer Weg zum Eingangsforum, im Obergeschoss berichten Schautafeln und ein Film über das Leben des großen Expressionisten (1867-1956). Danach betreten Sie den Garten am Fuß der Warft: Entworfen vom Maler höchstselbst, wechseln sich je nach Jahreszeit Farben, Gerüche, Blüten und Früchte ab. Darüber erhebt sich das einstige Wohnhaus im Bauhausstil, 1927-1937 nach Plänen Emil Noldes erbaut. Hier erwartet Sie ein wahrer Farbenrausch: Im Bildersaal hängen wie zu Lebzeiten des Künstlers farbenprächtige Gemälde in zwei Reihen, jedes Jahr eine neue thematische Auswahl – man weiß kaum, wohin man zuerst schauen soll. Damit nicht genug, Groß und Klein können hier gemeinsam kreativ sein. Inspiriert durch den Garten und Noldes Bilder wird mit verschiedenen Materialien experimentiert, gemalt oder gedruckt [März-Okt, meist So nach Anmeldung (auch kurzfristig), Erw. ab € 30, Kinder ab € 15 inkl. Eintritt, Termine und Familienrabatt erfragen!].

Nach all den Eindrücken lädt das **Restaurant Seebüll** im Forum zur Einkehr ein: Im verglasten Gastraum oder auf der Terrasse lässt man sich mit Blick auf die Nolde-Landschaft mit raffinierten regionalen oder internationalen Speisen verwöhnen. Auf Wünsche kleiner Gourmets wird gern eingegangen. Übrigens kann man im Dreikanthof nebenan auch übernachten – rechtzeitig anmelden, es gibt nur sieben Zimmer [Restaurant u. Gästehaus, Tel. 04664-98 39 70, gaestehaus@nolde-stiftung.de, restaurant@nolde-stiftung.de. Restaurant Ende Feb-Ende Nov tgl. 9-23 Uhr, 3-Bett-Zimmer € 118 inkl. Frühstück].

Das Noldehaus wurde vom Künstler selbst im Bauhausstil entworfen

Tour 7: Radelnd über die „Sonneninsel" Pellworm

Nordstrand • Pellworm

Wo: im Weltnaturerbe Wattenmeer vor Husum – Wie: Anfahrt per Auto und Fähre, auf Pellworm mit dem Fahrrad – Dauer: Tagesausflug – Nicht vergessen: Sonnencreme, Fernglas, Kopfbedeckung, evtl. Badezeug

Grüne Wiesen, ab und an ein paar Reetdachhöfe, eine größere Ortschaft – Pell-

In Strucklahnungshörn legt die Fähre nach Pellworm ab

worm liegt fernab vom Trubel mitten im Wattenmeer. Hier findet man vor allem eins: Ruhe. Die drittgrößte der Nordfriesischen Inseln trumpft nicht wie ihre Schwestern mit einem Sandstrand auf. Pellworm ist Marschland, von Bauern über Jahrhunderte hinweg der Nordsee abgerungen. Dennoch: Die runde Insel erfreut sich überdurchschnittlich vieler Sonnenstunden, und baden kann man auch am Gründeich. Große „Abenteuer" gibt es zwar nicht zu bestehen, aber wer gern am Watt entlangradelt oder -spaziert, im Strandkorb faulenzt und sich dabei stets den Nordseewind um die Nase wehen lassen möchte, ist hier genau richtig.

Durch die Köge zum Hafen

Ein kleines Abenteuer winkt aber doch: die Überfahrt nach Pellworm. Wer früh aufsteht, schafft die Fähre um 8.40 Uhr, alle anderen gehen zwei Stunden später an Bord. Dann bleibt vielleicht auf der Fahrt zum Anleger Strucklahnungshörn noch Zeit, sich **Nordstrand** ein wenig anzuschauen [Kurverwaltung Nordstrand, Schulweg 4, 25845 Nordstrand, Tel. 04842-454, info@nordstrand.de, www.nordstrand.de]. Seit 1935 ist die Halbinsel durch einen Damm ans Festland angebunden. Rechts davon erstreckt sich das größte Naturschutzgebiet des schleswig-holsteinischen Festlands, der **Beltringharder Koog**. Viele Tagesausflügler kommen hierher, um die

Hallig Südfall

*Mitten im „Rungholtwatt" zwischen Nordstrand und Pellworm liegt die kleine Hallig Südfall. Hier leben nur Herr und Frau Erichsen, die als Küstenschützer, Vogel- und Naturparkwarte das nicht mal 60 Hektar große Eiland betreuen. Besucher, die entweder im Rahmen einer geführten Wattwanderung oder per **Kutsche** von Nordstrand kommen, werden mit Kaffee und Kuchen bewirtet. Kutschfahrten Mai-Sep mehrmals tgl., Kontakt: Familie Andresen, Tel. 04842-300 (8-12 Uhr), Erw. € 13,50, mit Kurkarte € 13, Kinder (bis 12 J.) € 8.*

und beobachten das Einlaufmanöver der „Pellworm I". Auf der **Fähre** oder im Info-Terminal der **NPDG** gibt es die Tickets [NPDG – Neue Pellwormer Dampfschiffahrts-GmbH, Am Tiefwasseranleger 1, 25849 Pellworm, Tel. 04844-753, info@faehre-pellworm.de, www.faehre-pellworm.de. Info-Terminal tgl. 10-16.40 Uhr, Fähre mehrmals tgl. ab 6.40/8.40 Uhr, Rückfahrten bis 17.35/19.10 Uhr je nach Tag, Fahrzeit 35 Min., Rückfahrt Erw. € 10, Kinder (6-14 J.) € 5, Fam. € 30]. Zwar gibt es eine Spielecke unter Deck, doch wollen alle Kids nach oben, um per Fernglas etwa

Der Tanzbaron

__Detlev von Liliencrons__ (1844-1937) Rungholt-Ballade „Trutz, blanke Hans" ist jedem ein Begriff, der an der Nordsee urlaubt. Von 1882 bis 1883 lebte der Dichter auf Pellworm als Hardesvogt, eine Art Richter. Eine seiner ersten Amtshandlungen war, die Sperrstunde aufzuheben und unbegrenzte Festlichkeiten zu erlauben, was ihm den Namen „Tanzbaron" bescherte. Wenn er Abwechslung vom Inselalltag brauchte, fuhr er per Schiff nach Husum. Bei einer dieser Fahrten schrieb Liliencron wohl das berühmte Lied von der „Mordsee". Der Hof, auf dem der Literat anderthalb Jahre wohnte, beherbergt heute die Pellwormer Töpferei. Liliencronweg 28, 25849 Pellworm, Tel. 04844-15 88.

artenreiche Tier- und Pflanzenwelt zu erleben [Info: Naturschutzstation Holmer Siel, Elisabeth-Sophien-Koog, 25845 Nordstrand, Tel. 04842-90 01 50. Mo-Fr 9-12, Mo-Do auch 13-16 Uhr]. Beliebtes Ziel ist der Ort Süden mit seinen drei Kirchen und der **Nordstrander Töpferei**. Nach dem Vorbild von Wattfunden wird Gebrauchskeramik hergestellt, die über die Grenzen der Region hinaus bekannt ist [Süden 44, 25845 Nordstrand, Tel. 04842-400, info@nordstrander-toepferei.de, www.nordstrander-toepferei.de].

Fährabenteuer mit Seehundsblick

Nachdem Sie in **Strucklahnungshörn** das Auto auf dem Parkplatz hinterm Deich abgestellt haben, gesellen Sie sich zu den Wartenden auf dem Anleger

nach der Hallig Südfall (siehe Kasten S. 65) zu spähen. Vielleicht entdecken sie bei Ebbe ja die eine oder andere Seehundsfamilie auf den Sandbänken. Nach einer guten halben Stunde ist der Tiefwasseranleger von **Pellworm** erreicht. Wer mit eigenen Fahrrädern anreist, strampelt die 2,5 Kilometer über die Mole zum Kurzentrum in **Tammensiel**. Die anderen nehmen den kostenlosen Zubringerbus zum Inselhauptort. Rechts neben dem Kurmittelhaus mit dem Freizeitbad PelleWelle finden die Ausflügler die **Tourist-Info**, wo sie Tipps und eine Fahrradkarte bekommen [Uthlandstr. 2, 25849 Pellworm, Tel. 04844-189 40, info@pellworm.de, www. pellworm.de]. Verschaffen Sie sich im **Inselmuseum** über der Tourist-Info einen Einblick in die Geschichte und das frühere Alltagsleben der Pellwormer. Viele Objekte wie altes Werkzeug, Kochutensilien oder Ditten – Briketts aus Kuhmist – dürfen gern angefasst werden [Tel. 04844-189 35. Juni-Sep Mo-Fr 8.30-17, Sa/So 10-16 Uhr, Okt-Mai variierend].

Alte Köge und Ökostrom

Doch nun zum **Fahrradverleih** nebenan auf die Räder geschwungen [Inselfahrräder Momme von Holdt, Uthlandstr. 4, Tel. 04844-348 u. 0175-521 12 47, movoho@t-online.de, www. fahrraeder-pellworm.de. Tgl. 9-19 Uhr, Rad ab € 4/Tag]. Unsere rund 23 Kilometer lange **Inseltour** führt streckenweise außendeichs entlang (Achtung, Wind!). Damit Sie auch das Hinterland kennenlernen, radeln Sie nun los, vorbei an der PelleWelle, über Uthlandestraße, Ostersiel, Junkersmitteldeich, bis rechts die

Straße In de See abzweigt. Sie verläuft durch den Großen Koog, der zusammen mit vier weiteren Kögen schon ab 1635, ein Jahr nach der Burchardiflut, wieder eingedeicht wurde.

Nach gut drei Kilometern erreichen die Radler das Solarfeld, Bestandteil eines der größten Hybridkraftwerke Europas mit einer Gesamtleistung von über einem Megawatt. Übrigens: Zusammen mit der eben passierten Biogasanlage, den Solarzellen auf vielen Dächern sowie den Windrädern erzeugen die Pellwormer insgesamt doppelt so viel Strom, wie sie selbst verbrauchen. Im **Infogebäude mit Café** [Tel. 04844-99 04 60. April-Ende Sep Do-Di 10-17 Uhr], das ausgezeichneten selbst gebackenen Kuchen und kleine Speisen offeriert, erfahren Interessierte mehr zum Thema erneuerbare Energien.

Durch die Mitte ans Meer

An der nächsten Kreuzung biegen Sie links in die Schulstraße ein und kommen, vorbei an der Zentralschule, wo alle etwa 150 Pellwormer Kinder gemeinsam büffeln, zum **Waldhusentief**. Das Gewässer ist Hochwasserrastgebiet für viele Küstenvögel und geht vermutlich auf einen Deichbruch bei einer Sturmflut im 15. Jahrhundert zurück. Weiter geradeaus erhebt sich die **Nordermühle**, ein Zwickelstellholländer von 1652. Zeigen Sie den Kids den Unterschied zwischen mittelalterlichem und modernem Küstenschutz: Hinter der Mühle auf dem alten Deich ragt der heutige 8 Meter hoch auf. Diesen überquert man nun und ist flugs an der **Badestelle Hooger Fähre**. Wenn die Kids nach einem Eis lechzen oder gar Appetit auf etwas Herzhaftes haben, wechseln Sie die Deichseite und ordern Sie das Gewünschte ganz leger im **Imbiss** an der Treppe [Tel. 04844-99 07 99, tgl. 10-10 Uhr] oder ein paar Schritte weiter im **Gasthaus Hooger Fähre** [Hooger Fähre 5, 25849 Pellworm, Tel. 04844-99 23 23, www.gasthaus-pellworm.de, Mo Ruhetag, Mittagstisch 11.30-13.30 Uhr].

Piratenturm

Nach der Pause rollt man weiter am Deich entlang Richtung Süden, den markanten Turm der Alten Kirche **St. Salvator** (11. Jh.), immer vor Augen. Neben der Neuen Kirche auf Pellworm und der von Odenbüll auf Nordstrand überstand sie die verheerende Flutkatastrophe von 1634, bei der die übrigen 19 Kirchen Alt-Nordstrands untergingen. Der rote Ziegelturm ist seit seinem Einsturz 1611 zwar nur noch halb so hoch (ca. 26 m), aber immer noch das Wahrzeichen Pellworms. Kinder lassen sich bereitwillig zu einer Besichtigung der kostbaren Arp-Schnitger-Orgel (1711) – die einzige in Schleswig-Holstein – ins Innere lotsen, wenn sie hören, dass der Seeräuber Cord Widderich vom Turm aus einst nach Beute Ausschau hielt. Als er Richtung Büsum verschwand, nahm er der Sage nach das Taufbecken der Kirche mit. Ganz schön frech! Piraten gibt's hier nicht mehr, dafür bewohnen den Turm heute Tauben und Turmfalken.

Wattfunde und Fischkunde

Nun geht es wieder ins Inselinnere, über Klostermitteldeich und Osterschütting.

Kirche mit Schnitger-Orgel und bewegter Vergangenheit: St. Salvator

Rechts zweigt die Straße Westerschütting ab. Im Haus Nr. 2 betreibt Helmut Bahnsen sein kleines privates **Rungholtmuseum** mit Funden untergegangener Siedlungen um Pellworm. Über eine Million Teile – Keramikscherben aus der Zeit um 1362, Töpfe, Knochen – hat der ehemalige Krabbenfischer im Watt aufgelesen und zum Teil akribisch zusammengesetzt. Bei einer Wattwanderung kann man den Hobbyarchäologen auf der Spurensuche begleiten [Westerschütting 2, 25849 Pellworm, Tel. 04844-99 09 06. Öffnungszeiten im Veranstaltungskalender „Pellworm heute", Erw. € 4, Kinder € 2]. Ein paar Hundert Meter weiter erreichen die Radler die **Schutzstation Wattenmeer**. Vielleicht haben Sie Glück und können an den drei großen Aquarien der Nationalparkausstellung die Fütterung von Plattfisch, Hummer und Katzenhai miterleben. Zudem unternimmt das Team mit Urlaubsgästen Wattwanderungen, Radtouren oder weist sie in die Kunst des Bernsteinschleifens ein [Schutzstation Wattenmeer Pellworm, Villa Wattwurm, Osterschütting 9, 25849 Pellworm, Tel. 04844-760. April-Anf. Nov tgl. 10-12 u. 14-17 Uhr, Eintritt frei, Spenden willkommen].

Toben mit Leuchtturmblick

Langsam wird es Zeit, den Rückweg anzutreten. Wer mag, unternimmt am Ende des Südermitteldeichs noch einen Abstecher Richtung Leuchtturm. Hinter der Strandkorbhalle am Kaydeich, die im Sommer als Sportarena dient, lockt aber noch der Spielplatz mit Seilbahn, Sandkiste & Co. Die Großen können von hier aus schon mal den über 40 Meter hohen rot-weißen Bau in Augenschein nehmen,

> ### Kulinarisches am Turm
> *Auf der Terrasse des **Kirchspielskrugs Zur Alten Kirche** lässt sich mit Blick auf Pellworms Wahrzeichen hervorragend speisen. Im Gastraum mit Spielecke schmecken Fisch-, Krabben und Lammspezialitäten ebenso lecker, eine Kinderkarte gibt es auch. Nachmittags locken hausgemachte Kuchen und Waffeln – gut, dass Sie sich danach alles wieder abstrampeln können! Alte Kirche, 25849 Pellworm, Tel. 04844-275, zuraltenkirche@pellworm.net, www.zur-alten-kirche.de, Mo, Mi-So ab 11 Uhr.*

der vielen vielleicht bekannt vorkommt: Der Leuchtturm Westerheversand wurde nach ähnlichen Bauplänen errichtet. Seit 1998 kann man auf dem **Pellwormer Leuchtturm** auch heiraten, eine Besichtigung ist nur im Rahmen einer Führung (ab 8 J.) möglich, Auskunft über die Tourist-Info (siehe S. 66). Am Leuchtturm vorbei und links an den Badestellen Kaydeich, Leuchtturm und Süderkoog entlang treten Sie noch mal ordentlich in die Pedale, um über den Stürenburger Weg wieder in den Ort Tammensiel hineinzuradeln. Nach der Rückgabe der Fahrräder haben Sie vielleicht noch ein wenig Zeit, bis die Fähre um 17.35 Uhr ablegt. Bis zum kleinen Hafen sind es nur ein paar Schritte, um sich die Sportboote und Krabbenkutter anzuschauen. Hier hält auch der Bus, der Sie rechtzeitig zum Fähranleger zurückbringt.

Tour 8: Wikinger, Seeleute und ein Wanderstrand

Amrum: Wittdün • Süddorf • Nebel • Norddorf

Wo: im Weltnaturerbe Nationalpark Wattenmeer vor der Küste Nordfrieslands – Wie: Anreise per Schiff, auf Amrum mit dem Fahrrad und zu Fuß – Dauer: Nicht vergessen: Sonnencreme, Kopfbedeckung, Fernglas, Badezeug

Einmal Amrum, immer Amrum! Das meinen viele Urlauber, die sich spontan in die kleinste der Nordfriesischen Inseln verlieben und jedes Jahr wiederkommen. Kein Wunder, findet man doch auf einer Gesamtfläche von nur 30 Quadratkilometern eine landschaftliche Vielfalt, die keine Wünsche offenlässt: im Westen der berühmte Kniepsand (siehe S. 24), daran anschließend der Dünengürtel, gefolgt von Heide- und Waldflächen und im Osten das Wattenmeer. Vögel beobachten, (watt-)wandern, radeln, reiten, buddeln, surfen, baden oder einfach nur die unendliche Weite des Strandes genießen – alles ist möglich. Dazu wird in allen Inseldörfern ein buntes Programm für Kinder auf die Beine gestellt, vom Basteln über Strandspiele bis zur Gute-Nacht-Geschichte.

Strandgut auf Amrum, zu einem Gesamtkunstwerk arrangiert

Und nicht zuletzt verstehen es die Amrumer, ihre Traditionen zu pflegen und überaus familienfreundlich zu vermitteln.

Einmal übersetzen, bitte!

Es gibt viele Möglichkeiten, nach Amrum zu kommen, aber alle führen übers Wasser: ab Strucklahnungshörn (siehe S. 64) oder Sylt (siehe S. 80) mit den **Adler-Schiffen** [Adler-Schiff GmbH, Hörnstr. 3, 25845 Nordstrand, Tel. 04842-900 00, info-nordstrand@ adler-schiffe.de, www.adler-schiffe. de. Z. B. ab Strucklahnungshörn (90 Min.) Erw. € 22,50, Kinder € 16,50), von Dagebüll (siehe S. 60), Föhr (siehe S.

Der „große Amrumer" ist der höchste Leuchtturm der Region

> ## Mühlenmuseum
>
> *Am Südrand von Nebel erhebt sich ein weiteres Wahrzeichen: die knubbelige **Windmühle** von 1771, die willige Paare gern für die standesamtliche Trauung nutzen. Wenn nicht gerade eine Hochzeit ansteht, kann man in ihrem mächtigen reetbedeckten „Bauch" heimatkundliche Exponate rund um den Mühlenbetrieb, den Ackerbau, die Seefahrt und den Walfang bestaunen. Zudem werden regelmäßig Werke zeitgenössischer Kunst präsentiert. Maalenstegalk, 25946 Nebel, Tel. 04682-872, info@amrumer-windmuehle. de, www.amrumer-windmuehle.de. April-Okt tgl. 11-16 Uhr, Eintritt frei, Spenden erbeten.*

75) oder Schlüttsiel mit den Fähren der **Wyker Dampfschiffs-Reederei** [Adresse siehe S. 75. Z. B. ab Dagebüll (über Föhr 120 Min., Direktverbindung 90 Min.), Erw. € 18, Kinder € 9]. Egal, von wo Sie starten: Wählen Sie die Abfahrtszeiten so, dass auf der Insel fünf, sechs Stunden Zeit bleibt. Denn Groß und Klein wollen auf der rund 22 Kilometer langen Radstrecke sicher ein bisschen Kultur „erledigen" und den herrlichen Kniepsand erobern.

Durch die Dünen in luftige Höhen

In **Wittdün** angekommen, finden Sie auf der Mole die **AmrumTouristik** [Am Fähranleger, 25946 Wittdün, Tel. 04682-

940 30, info@amrum.de, www.amrum.
de] und ein paar Schritte weiter **Marcs
Fahrradverleih**, der ausreichend Räder,
Sitze, Anhänger und Helme bereithält
[Inselstr. 12, 25946 Wittdün, Tel. 04682-
94 90 77. In der Hauptsaison Fahrräder,
Anhänger € 7, Kinderräder ab € 3].
Auf dem Radweg parallel zur Inselstraße
verlässt die Ausflugsgesellschaft Wittdün
und radelt vorbei am AmrumBadeland
(siehe S. 25) und mit Blick auf die
Dünenlandschaft knappe 3 Kilometer
zum **Leuchtturm**. Der „große Amrumer"
von 1875 ist einschließlich der Großdüne
unter ihm stolze 66 Meter hoch und
damit der älteste und höchste Leuchtturm der Nordseeküste. Der Turm selbst
misst 41,8 Meter. Um ihn zu erklimmen,
müssen Schwindelfreie insgesamt 295
Stufen (123 zum Eingang, 172 im Turm)
bewältigen. Als Belohnung genießt man
von der Plattform einen fantastischen
Panoramablick über die teils grasbe-
wachsenen Dünen, den Wald im Norden,
den breiten Sandstrand im Westen und
die umliegenden Halligen und Inseln
[Mo-Fr 8.30-12.30 Uhr (letzter Einlass),
außer feiertags, Erw. € 3, Kinder € 1].

In der Kapitänsstube

Nachdem sich alle einen Überblick ver-
schafft haben, kann die Inselerkundung
starten. Es geht ein kurzes Stück die
Straße zurück und dann links in den
Uasterstigh durch die Felder nach Süddorf. Links taucht bald eine kleine Mühle
auf. Sie wurde auf einem Grabhügel aus
der Bronzezeit erbaut und war bis 1939
in Betrieb, heute dient sie als Privatwoh-
nung. Nicht weit enfernt liegt rechts die
Öömrang Skuul für zurzeit rund 210
Inselkinder. Junge Amrumer, die aufs

*Vollständig mit Reet gedeckt ist die
Windmühle am Ortsrand von Nebel*

Gymnasium möchten, haben es nicht
leicht: Sie müssen nach Föhr oder aufs
Festland ziehen.
Kurz hinter der Schule empfängt Sie
das alte Fischerdorf **Nebel** mit seinen
roten und weißen Friesenhäuschen. Ein
besonders hübsches Exemplar, ein Kapitänshaus des 18. Jahrhunderts, steht im
Waaswai: das **Öömrang Hüs**. Es beherbergt das Museum und Archiv des Öömrang Ferian (Amrumer Verein), der sich
für den Erhalt der Amrumer Kultur und
den regionalen Naturschutz einsetzt.
Schauen Sie doch mal in die gute Stube
mit den zwei Alkoven – in der „Dörnsk"
wurde auch geschlafen. Beheizt wurde
das Wohnschlafzimmer durch einen
„Bilegger"-Ofen in der Küche, wo eine
schmucke blau-weiße Fliesenwand mit

einem Schiffstableau zu bewundern ist [Waaswai 1, 25946 Nebel, Tel. 04682-21 18, www.oeoemrang-hues.de. April-Okt Mo-Fr 10.30-12.30, 15-17, Sa 15-17, Nov-März Mo-Sa 15-17 Uhr, Eintritt frei, Spenden erbeten].

Geschichtsstunde auf dem Friedhof

Die Inselkirche **St. Clemens** von 1236 liegt in unmittelbarer Nähe. Auf dem Friedhof stehen zahlreiche „sprechende Grabsteine" von 1670 bis 1830, die teilweise die Lebensläufe der Verstorbenen erzählen und mit Mühlen, Schiffen, Schwertern etc. verziert sind. Ob die

Gemütliche Teestunde

Vor rund 1000 Jahren war Amrum Wikingerland. An der Wattseite, südöstlich von Nord-dorf, sollen sie auf einer Burg ge-haust haben. Das ist zumindest die Erklärung für den Hügel, auf dem sich heute hinter hohen Bäumen ein gemütliches, weißes Friesenhaus versteckt. Im **Teehaus Burg** *schwelgen Liebhaber in einer großen Auswahl schwarzer, grüner oder Roibuschtees, Kaffeespeziali-täten und Kakao gibt's auch. Dazu schmeckt selbst gemachte Friesentorte, und gegen Abend verführen süße und herzhafte Pfannkuchen dazu, noch etwas zu bleiben. Boragwai 2, 25946 Norddorf, Tel. 04682-23 58, www.teehaus-burg.de. Ostern-Ende Okt Mi-Mo 15-22.30 Uhr.*

Indoorspaß

Auch bei Schmuddelwetter kommt auf Amrum keine Lan-geweile auf: Im **Abenteuerland** *warten auf 1300 Quadrat-metern unzählige Spiel- und Spaßgeräte. Da saust man auf Bobbycars oder Autoscootern durch die Halle, erklimmt den Riesenrutschberg, erobert das Kletterlabyrinth oder powert sich auf den Trampolinen aus. Für Minis gibt's einen extra Bereich. Hoofstich 3, 25946 Norddorf, Tel. 04682-96 86 64, www.abenteuerland-amrum. de. April-Okt Mo-Sa 10-18, So 12-18, Nov-März Sa 12-18 Uhr, Erw. € 4, Kinder € 8.*

älteren Kids die Geschichten entziffern können? Hinter der Kirche endet der Uasterstigh, und die Radler biegen rechts ein in den Meeskwai. Vorbei am „Haus des Gastes" stößt man auf den Sandweg, der am Ostufer Amrums entlangführt. Hier lädt gleich eine Plattform zur Rast ein, um die tolle Sicht auf Salzwiesen, Schilf und Meer in Ruhe zu genießen. Mit Glück erspähen Vogelfreunde je nach Jahreszeit Knutts, Goldregenpfeifer, Kiebitze – und natürlich Möwen. Wenn alle verschnauft haben, rollen Sie durch die urwüchsige Uferlandschaft Richtung Norddorf.

Sand, Wasser und alte Amrumer

Kurz vor dem Ort geht der Weg in eine Teerstraße über, auf der Sie **Norddorf** umrunden, um am Ende der Strandzufahrt beim **Carl-Zeiss-Naturzentrum** im ehemaligen Schwimmbad zu stoppen [Strunwai 31, 25946 Norddorf, Tel. 04682-16 35, info@naturzentrum-amrum.de, www.naturzentrum-norddorf.de. April-Okt Mo-Mi, Fr-So 10-17, Nov-März Mi, Fr, Sa/So 12-16 Uhr, Eintritt frei, Spenden willkommen]. Neugierige Kinder erfahren hier an Spiel- und Forschungsstationen, warum und wann der viele Sand nach Amrum kam und wie sich Natur und Mensch daran angepasst haben. In fünf Aquarien kann man sehen, wer sich in der Unterwasserwelt vor der Küste so alles tummelt. Und im Obergeschoss macht das **Maritur** das Leben im alten Amrum greifbar. Kinder fasziniert besonders das Schicksal Hark Olufs', dessen Grabstein

*Einer der „sprechenden Grabsteine"
auf dem Friedhof in Nebel*

sie sicher in Nebel entdeckt haben. Der Kapitänssohn, 1708 in Süddorf geboren, geriet als 16-Jähriger in die Fänge von Piraten, die ihn als Sklave an den Bey von Constantine verkauften. Innerhalb kurzer Zeit stieg er vom Mundschenk zum Kommandeur der Kavallerie auf. 1735 freigelassen, kehrte Hark als reicher Mann nach Amrum zurück. Eine spannende Geschichte, die man sich auch in einer zehnminütigen Filmversion anschauen kann. Kleine „Macher" zieht es zur Bastelstation mit Wasserbahn, um mit selbst gebauten Booten Wettrennen zu veranstalten. Das Naturzentrum ist – Überraschung! – eine Einrichtung des Öömrang Ferian. Die „Öömies" bieten auch spannende Führungen, naturkundliche Exkursionen, Fahrradtouren und Wattwanderungen an.

Halbzeit am Strand

Reich an neuem Wissen haben sich alle eine Pause verdient. Da trifft es sich gut, dass gleich hinter dem Naturzentrum der Kniepsand beginnt. Im letzten Gebäude vorm Strand serviert das Restaurant **Strand 33** ambitionierte Speisen [Strunwai 33, 25946 Norddorf, Tel. 04682-96 15 55. Tgl. ab 11.30 Uhr], der Kiosk nebenan einfache, aber leckere Fischbrötchen. Hier ist neben der DLRG auch das **Lollypop** untergebracht, eins der drei Kinderhäuser auf Amrum, die rund ums Jahr jede Menge kostenlose Aktivitäten bieten – nicht nur etwas für Regentage [Termine in „Amrum Aktuell" und bei der AmrumTouristik, siehe S. 70]. Wer in Nebel die Badehosen auspackt, sollte die Uhr im Auge behalten, denn nach Wittdün zurück brauchen Sie etwa genauso lange wie für den Hinweg. Natürlich können Sie auch später in Nebel und Süddorf zum Strand abbiegen – immer den Schildern nach (siehe S. 24).

Endspurt

Der Rückweg führt über den Meeramwai durch die schöne Heide- und Waldlandschaft der westlichen Inselseite. Sie passieren den Nebeler Ortsteil Westerheide und **Süddorf** mit seinen schmucken Reetdachhäusern. Hinter dem ältesten Inseldorf blitzt bald der Leuchtturm zwischen den Bäumen auf. Wer ihn wohl als Erster entdeckt?

Wenn Sie in **Wittdün** noch Zeit haben, bummeln Sie durch die Gassen, lassen sich vor einem der Cafés nieder oder flanieren Sie über die Wandelbahn, wie die Promenade heißt, die einmal um den Ort führt. Bänke laden zum Ausruhen ein und von den kleinen Aussichtsbalkonen hat man einen tollen Blick auf die Insel- und Halligwelt und den unendlich weiten Sandstrand Amrums.

Rund um die Vogelkoje

*Auf dem Waldweg zwischen Nebel und Norddorf weisen Schilder zur **Vogelkoje**. Was sich dahinter verbirgt? An dem künstlich angelegten See wurden von 1866 bis 1936 Tausende Wildenten zum Verzehr gefangen. Zwei der alten Fangeinrichtungen stehen heute noch. Aber keine Angst, die Gänse, Enten, Schwäne, Hühner und anderen Wasservögel, die sich hier tummeln, werden nicht mehr in die Falle gelockt. Gleich neben dem Teich grast Damwild in einem kleinen Wildgehege. Ein Bohlenweg mit Hinweistafeln schlängelt sich durch das Gelände, vorbei an den Überresten einer Siedlung aus dem 1. Jahrhundert, bis zum Strand.*

Ein typisches Friesenhaus mit Reetdach und Mittelgiebel in Nebel

Tour 9: Ein Tag in der „friesischen Karibik"

Föhr: Wyk • Oevenum • Alkersum • Oldsum • Utersum • Nieblum

Wo: im Weltnaturerbe Nationalpark Watten-meer vor der Küste Nord-frieslands – Wie: Anreise per Schiff, auf Föhr mit dem Fahrrad, evtl. per Bus und zu Fuß – Dauer: Tagesaus-flug oder mehrtägiger Aufenthalt – Nicht vergessen: Sonnencreme, Kopfbedeckung, Fernglas, Badezeug

Im Norden das platte, grüne Marsch-land, im Süden ein weißer feinsan-diger Strand, dazwischen pittoreske Friesendörfer – kein Wunder, dass auf Föhr, auch liebevoll „friesische Karibik" genannt, das erste Seeheilbad an der schleswig-holsteinischen Westküste gegründet wurde. Viele Familien zieht es hierher, und auch bei Dauerregen kommt kein Ferienblues auf: Der Ver-anstaltungskalender strotzt nur so von Angeboten für Familien und Kinder, Wattexkursionen, Puppentheater, Zau-berworkshops, und und und … Natürlich bietet Föhr mehr, als man an einem Tag erleben kann – verschaffen Sie sich doch einen Überblick bei einer abwechslungs-reichen Fahrradtour.

Abenteuer Anreise
Wer nicht gerade per **Doppeldecker** von Sylt [buchbar unter www.hanseflug. de oder Tel. 01805-38 03 80 € (0,14/ Min. Festnetz). Mai-Sep 2- bis 4-mal tgl. (Flugzeit 15 Min.), Erw. € 50, Kinder € 35]

anreist, schippert von Amrum (siehe S. 70) oder Dagebüll (siehe S. 60) nach Föhr [Wyker Dampfschiffs-Reederei Föhr-Amrum GmbH, 25938 Wyk, Am Fähranleger 1, Tel. 01805-08 01 40 (€ 0,14/Min. Festnetz), info@faehre. de, www.faehre.de. Z. B. ab Dagebüll (45 Min.) mehrmals tgl. ab 5 Uhr, Rück-fahrt bis 18.45 Uhr, Rückfahrticket Erw. € 12,70, Kinder (6-14 J.) € 6,35].

Auf die Räder, fertig, los!
Beim Verlassen der Fähre kommen Urlauber direkt auf die **Tourist-Info** zu, wo man mit Tipps, Karten und Bus-

---

Piratentage
Zweimal während der Som-merferien wird Föhr von Piraten heimgesucht. Dann verwandelt sich das Areal rund um den Musikpavillon (Sandwall 38) drei Tage lang in ein turbulentes Seeräuberlager mit Spielen, Piratentaufe, Puppentheater, Disco u. v. m. Das Tolle daran: Der meiste Spaß ist gratis, lediglich für die Piratenfahrten und andere Ausflüge müssen Freibeuter Gold auf den Tresen legen. Infos und Karten bei der Tourist-Info, z. B. Piraten-fahrten Erw. € 13, Kinder (3-10 J.) € 15 (siehe auch S. 95).

fahrplänen weiterhilft [Föhr Tourismus GmbH, im W.D.R.-Servicegebäude, Am Fähranleger 1, 25938 Wyk auf Föhr, Tel. 04681-300, urlaub@foehr.de, www. foehr.de]. Auf Föhr ist das Fahrrad das Fortbewegungsmittel der Wahl, und so finden sich in Hafennähe gleich vier **Verleihe** [Deichgraf, Hafenstr. 5, Tel. 04681-24 87; Ingo's Fahrradverleih, Boldixumer Str. 9, 04681-74 15 45; Fahrradverleih Fehr, Badestr. 6, Tel. 04681-38 64; Fahrradverleih Schultz, Süderstr. 22, Tel. 04681-83 19. Räder/Tag für Erw. ca. € 5, für Kinder ca. € 3].

Bestens ausgestattet, nehmen Sie die mit Dreieck, Stern und Raute gekennzeichnete Radroute nach Oevenum, vorbei an Boldixum und Wrixum. An Donnerstagen muss man in **Oevenum** ein Stück schieben, denn dann findet auf der Buurnstrat rund um die Friedenseiche der **Wochenmarkt** statt [Mai-Sep Do 10-12 Uhr]. Neben Obst, Gemüse und Handwerkskunst werden hier auch Bratwürste und Waffeln verkauft. An der Friedenseiche führt der Weg in die Marsch hinein und in einem Bogen am Ortsrand von Midlum vorbei, und schon sind Sie in **Alkersum**.

Kunst, Küste und Meer

Wer über Dagebüll angereist ist, hat an den Küstenstraßen sicher die Schilder **Museum Kunst der Westküste** gesehen und sich gewundert, im Dagebüller Inselparkhaus zu landen. Kunstinteressierte wissen, dass sich die 2009 eröffnete Millionenanlage in Alkersum befindet. In sechs Saalbauten werden eine Auswahl der rund 500 Gemälde und Grafiken umfassenden Sammlung des schwedischen Stifters Frederik Paulsen

Friesenmuseum

Mitten in Wyk erstreckt sich das ca. 10.000 Quadratmeter große Gelände des **Dr.-Carl-Häberlin-Friesen-Museums**. *Hier erfährt man alles über die Geschichte, Natur und Kultur Föhrs und der Nordfriesischen Inseln. An Modellen, Filmen, Hörstationen, der Märchenhöhle und den Kinderführungen hat auch der Nachwuchs Spaß. Draußen gibt das Haus Olesen von 1617 Einblick in das Leben vergangener Zeiten. Rebbelstieg 34, 25938 Wyk auf Föhr, Tel. 04681-25 71, info@friesen-museum.de, www.friesen-museum.de. Mitte März-Okt Di-So 10-17, Juli/ Aug auch Mo, Nov-Mitte März Di-So 14-17 Uhr, Erw. € 4,80/ mit Kurkarte € 3,50, Kinder (6-17 J.) € 2/€2,50, Fam. € 8/11, Führungen Erw. € 3,00, Kinder € 1 zzgl. Eintritt.*

sowie Wechselausstellungen präsentiert. Das Thema ist allen Werken gemeinsam: die Faszination von Meer und Küste. So sind Reiter am Strand, Badende in der Brandung, wettergegerbte Fischer, Schiffe auf sturmgepeitschter See zu sehen. Unbekannte hängen neben den Großen wie Max Liebermann, Max Beckmann, Emil Nolde und Edvard Munch.

Die Farbe aller Farben

Kleine Museumsbesucher werden vom Blau-Raum magisch angezogen. Um hineinzugelangen, müssen sie orangefarbene Stoppersocken anziehen und durch einen Schrank schlüpfen. Von der blauen Decke baumeln Flaschenzüge, an denen Postkarten, Bücher, Gegenstände befestigt sind, die frühere Besucher „gestiftet" haben. Jeder darf sich ein Stück aussuchen, sofern er selbst einen Schatz hinterlässt. In den Röhren an der blauen Wand ist Platz für „Flaschenpost", Nachrichten oder Bilder von Kindern für Kinder. Zur Entspannung gibt's Bücher, Hörspiele, etwa „Käpt'n Blaubär" und Malsachen. Wer über sechs Jahre alt ist, darf sich in den Ferien zu einem Workshop anmelden. Dabei werden Bilder angeschaut, „gehört" und anschließend gemalt. Für das leibliche Wohl sorgt der angeschlossene **Grethchens Gasthof.** Im Museumsgarten kann man bei Kaffee oder warmen Speisen ausruhen [Museum Kunst der Westküste, Hauptstr. 1, 25938 Alkersum, Tel. 04681-74 74 00, info@mkdw.de, www.mkdw.de. Ende Feb-Okt Di-So 10-17, Do bis 20, Nov-Mitte Jan Di-So 12-17 Uhr (24., 25. u. 31 Dez geschl.), Erw. € 7, Kinder (ab 12 J.) € 4, Fam. € 14, Workshops ab € 8. Gasthof: Tel. 04681-747 40 45].

Auf nach Westen

Nach dem Museumsbesuch müssen sich die Ausflügler entscheiden, ob sie die kurze Variante wählen und gleich über Nieblum zum Gotinger Strand fahren (insgesamt ca. 18 km) oder ob sie fit genug sind für die große Runde über die westlichen Inseldörfer (insgesamt ca. 34 km). Bequeme Variante: Lassen Sie die Fahrräder in Alkersum stehen, und steigen Sie in den **Bus der W.D.R.**, der Sie in einer guten halben Stunde über Oldsum, Süderende, Dunsum, Utersum, Borgsum, Nieblum und zurück nach Alkersum bzw. umgekehrt kutschiert

Die Attraktion für junge Museumsbesucher in Alkersum ist der Blau-Raum

[Linien 1, 11 ab Hauptstraße Alkersum, Linien 2, 22 ab Nieblumweg; ab 6 J. einfache Fahrt € 1,50-3,10, RundFöhrKarte (ohne Ausstieg) € 5, Tageskarte € 7]. Langstreckenfahrer schlagen den an der Hauptstraße abzweigenden Marschweg Richtung Borgsum ein. Kurz vor dem Ort geht es scharf rechts, und rechter Hand taucht ein grasbewachsener Erdwall auf: die **Lembecksburg**. Dort, wo einmal ein Holztor war, betritt man den inneren Bereich mit ca. 95 Metern Durchmesser. Für die Kinder wird's umso spannender, wenn sie erfahren, dass die Burg im 9./10. Jahrhundert vermutlich ein Wikingerstützpunkt war. Und um 1370 hielt sich der Ritter Klaus Lembeck hier versteckt, bis er von Friesen und den Truppen des Dänenkönigs Waldemar vertrieben wurde. Nach der Erkundung geht's weiter, der mit Dreieck und Stern gekennzeichneten Route folgend, in den Nordwesten nach …

Künstlerdorf und Badefreuden

… **Oldsum**. Viele Künstler und Kunsthandwerker haben sich hier niedergelassen, ein Friesenhaus mit Atelier,

Kapitänshäuser in Nieblum, einem der schönsten deutschen Dörfer

Laden oder Café reiht sich ans andere. Wer nach Mitbringseln sucht, wird z. B. in **Stelly's Hüüs** fündig [Haus Nr. 38, 25938 Oldsum, Tel. 04683-306. April-Okt 11.30-18, Nov-März Mi-So 14-18 Uhr, Eintritt frei]. In der Töpferstube kann man einkaufen und zusehen, wie die schönen Keramiken entstehen, im Café riesige Tortenstücke ordern. Ein kleines Museum darüber zeigt z. B. Muscheln und Kuriositäten wie Opiumpfeifen. Wer Bauch und Taschen gefüllt hat, radelt südwärts durch Süderende und biegt an der St.-Laurentii-Kirche rechts ab. Sie gelangen nach **Utersum**, Föhrs Perle an der Westküste. Hauptattraktion ist der **Strand** in Südwestlage, der bei Familien und Surfern beliebt ist. Doch heute geht es erst mal weiter, und zwar auf dem mit einem Kreis markierten Radweg durch das Naturschutzgebiet der Godelniederung.

Hinter den ersten Häusern von Goting biegen Sie rechts ab und links in den Deelswai, der auf das **Goting-Kliff** zuführt. Am Parkplatz am Klafwai haben auch die Fahrer der Kurzstrecke ihre Räder abgestellt, und die sportlichen Nachzügler nehmen nun ebenfalls den Weg zum Strand. Hier ist es nicht ganz so betriebsam wie bei Nieblum oder Wyk (siehe Strände, S. 26/27), entspannen, baden und Sandburgen bauen kann man hier aber ebenso gut.

Das Bilderbuchdorf

Bevor Sie nach Wyk zurückkehren, sollten Sie einen kleinen Abstecher nach **Nieblum** unternehmen. Immerhin gilt das mehrfach ausgezeichnete Dorf als eins der schönsten Deutschlands. Das Ortsbild wird geprägt von gepflasterten

Bummeln & Shoppen

Zurück nach Wyk gelangen Sie über den Grevelingstieg, der südostwärts aus Nieblum hinausführt. Vorbei an der 27-Loch-Anlage des Golf Clubs Föhr schwenken Sie hinter dem Föhrer Flugplatz nach links in den Fehrstieg, und fahren Sie über Haidweg, Strandstraße und Boldixumer Straße Richtung Hafen und zum Fahrradverleih.

Zahlreiche Parks und Grünanlagen verschönern das beschauliche Seebad, die einzige Stadt der Insel. Bevor die Fähre ablegt, ist vielleicht noch Zeit, sich in den Gässchen der Fußgängerzone südlich der Hafenstraße umzuschauen. Unzählige Geschäfte bieten alles von Kleidung über Souvenirs bis hin zu kulinarischen Inselspezialitäten. Beachten Sie, dass Sie „nur" 20 Kilo Gepäck pro Person mit auf die Fähre nehmen dürfen – was bei einem Tagesausflug aber schwer zu toppen sein dürfte.

Lindenalleen und prächtigen Kapitänshäusern. Letztere zeugen von den goldenen Zeiten im 17./18. Jahrhundert, als viele Föhrer auf holländischen und englischen Walfängern zur See fuhren und dabei zu Ruhm und Wohlstand gelangten. Auf dem Friedhof rund um St. Johannis im Norden des Dorfes erzählen alte Grabsteine ihre Lebensgeschichten. Wen nach dem erlebnisreichen Tag der große Hunger packt, der wird im Restaurant Zum Schlachter (siehe Kasten rechts) bestens versorgt. Eine Alternative ist das **Café Osterheide** mit hausgebackenem Kuchen, Waffeln und einem riesigen Garten mit Spielgeräten [Heidweg 18, 25938 Nieblum, Tel. 04681-28 95, post@hotelosterheide.de, www. foehr-hotel-osterheide.de. Restaurant April-Okt tgl. ab 11 Uhr].

Tour 10:
Kreuz und quer durch Sylt

Westerland • Hörnum • Tinnum • Keitum • Morsum • Wenningstedt •
Kampen • List

Wo: im hohen Norden vor der Küste Nordnordfrieslands – Wie: Anreise per Bahn, Autozug, Fähre oder Flugzeug – Dauer: einen Tag oder mehr – Nicht vergessen: Badezeug

Sylt an einem Tag erleben – unmöglich, werden Fans der Insel jetzt rufen. Schließlich wurde die größte deutsche Nordseeinsel mit einem kilometerlangen Strand und einer einzigartigen Naturlandschaft beschenkt. Ganz zu schweigen vom Watt im Osten, den hübschen Dörfern oder den vielfältigen Sportmöglichkeiten. Also können wir den Experten nur beipflichten und haben uns drei Tagesausflüge ausgedacht, die sich auch gut aufteilen und zu Fuß oder per Fahrrad bewältigen lassen. Und vielleicht werden Sie bei Ihrem Besuch ja auch vom „Sylt-Fieber" gepackt und bleiben einfach ein paar Tage länger?

Auf Schienen, übers Meer und durch die Luft

Wer im Urlaub einen kurzen Abstecher nach Sylt unternehmen möchte, kann z. B. von Dagebull, Nordstrand, Föhr und Amrum nach Hörnum mit der **W.D.R.** und den **Adler-Schiffen** anreisen (siehe

Kunst vor dem Westerländer Bahnhof: reisende Riesen im Wind

Ab durch die Dünen

Beliebte Radlstrecke ist die **Trasse der „rasenden Emma"**, *der 1970 stillgelegten Inselbahn. Von Westerland nach Hörnum im Süden bzw. List im Osten geht es auf je 18 Kilometern durch die Dünen. Wenn kurze Beine müde werden, wechselt man auf den Linienbus (Sylter Verkehrsgesellschaft, Tel. 04651-83 61 00, info@svg-busreisen. de, www.svg-busreisen.de. Familientageskarte Maxi (2 Erw., 4 Kinder) € 18,90, 3-Tages-Karte (2 Erw., 4 Kinder) € 41,30, Fahrräder € 1,60-4). Fahrradverleihe gibt's in jedem Ort, eine Liste finden Sie auf der Homepage der Sylt Marketing GmbH (siehe rechts).*

S. 70). Oder man setzt sich in den **Zug** und schuckelt über die Marschbahn und den 1927 erbauten Hindenburgdamm nach Westerland [Fahrpläne und Tarife unter www.nah-sh.de]. Auch aufs geliebte Auto muss niemand verzichten, denn das darf auf dem **SyltShuttle** ab Niebüll [Service-Tel. 01805-93 45 67 (€ 0,14/ Min. Festnetz), www.syltshuttle.de. Z. B. Rückfahrt (innerhalb 2 Mon.) Pkw bis 6 m inkl. Pers. € 83] oder auf der **Sylt-Fähre** von Rømø nach List [Service-Tel. 01803-10 30 30 (€ 0,09/Min. Festnetz), www.syltfaehre.de. Z. B. Tagesrückfahrt Pkw bis 6 m inkl. Pers. € 61] mitreisen. Und ganz Eilige können Sylt auch per **Flugzeug** ansteuern [Info und Buchung: Flughafen Sylt GmbH, Tel. 04651-92 06 12, service@flughafen-sylt.de, www. flughafen-sylt.de].

Ausflug 1: Wasserabenteuer

Die erste Tour auf Sylt [Sylt Marketing GmbH, Stephanstr. 6, 25980 Westerland, Tel. 04651-820 20, info@sylt.de, www.sylt.de] startet in **Westerland**, wo die meisten der Reisenden ankommen. Die **Fußgängerzone** rund um die Friedrichstraße ist vom Bahnhof aus schnell erreicht. Auf der Shoppingmeile gibt es viel zu gucken, auch die, die gesehen werden wollen. Im Westen endet die Friedrichstraße an der **Strandpromenade** [Kurabgabe ab 18 J. € 3/Tag], rechts die nostalgische Musikmuschel, wo sommers fast täglich Konzerte gegeben werden. Wer die Kinder vom Strand (siehe S. 28) loseisen kann, folgt der Promenade nach Süden. Sie geht in einen Bohlenweg über, kurz darauf führt eine Holztreppe, die Himmelsleiter, über die Dünen. Barriere- und kostenfrei gelangt man über Dünenstraße und Stranddistelweg ebenfalls zum **Sylt Aquarium**, das nun geentert wird. Ein Highlight sind die Panoramatunnel, durch die man trockenen Fußes durch die Meereswelten „Helgoland" und „Korallenwelt" mit 170.000 und 500.000 Litern Wasser schreitet, und natürlich Rambo, ein junger Zitronenhai [Gaadt 33, 25980 Westerland, Tel. 04651-836 25 22, info@syltaquarium.de, www.syltaquarium.de. Tgl. 10-18 Uhr, Erw. € 13,50, Kinder (4-18 J.) € 9,50, Fam. (2 Erw., 2 Kinder) € 35, 2 Erw., 3 Kinder € 42].

Südlich von Westerland eröffnet sich der Blick auf das Rantumbecken, das durch einen Deich vom Wattenmeer abgetrennt ist – eine bei Radlern und Wanderern

Für Strandpiraten

Mitten in den Dünen liegt das **Nationalpark-Infozentrum Hörnum**. *Die Ausstellung informiert u. a. über die Meeressäuger und zeigt die Unterwasserwelt der Nordsee in acht Aquarien. Für Kids gibt's Wattwanderungen, „Raubtierfütterungen", Märchen- und naturkundliche Erlebnisstunden. Einfach mal vorbeischauen! Rantumer Str. 27, 25997 Hörnum, Tel. 04651-88 10 93, hoernum@schutz station-wattenmeer.de, www. schutzstation-wattenmeer.de. April-Okt tgl. 10-12, 15-18 Uhr, Eintritt frei, Spenden erbeten.*

beliebte Strecke. Wenig später weisen die Schilder zur **Sansibar**, der über 30-jährigen Kult-Strandhütte [Hörnumer Str. 80, 25980 Rantum, Tel. 04651-96 46 46, info@sansibar.de, www.sansibar.de].

Einmal um die Spitze

Im äußersten Süden hat sich **Hörnum** vom vergessenen Fleckchen zum beliebten Urlaubsort gemausert. Wo einst Militärkasernen standen, erstreckt sich heute der 18-Loch-Linkskurs des Golfclubs Budersand samt gleichnamigem 5-Sterne-Hotel. Nebenan legen Ausflugsschiffe nach Föhr, Amrum, zu den Halligen und den Seehundsbänken ab. Vom Hafen aus machen sich Spaziergänger auf den Weg zur Odde, der Südspitze der Insel, am Wattenmeer entlang. Zurück geht's auf der anderen Seite in Begleitung der Nordseebrandung. Frü-

her dauerte die Umrundung Stunden, heute schafft man es in einer – die Odde hat in den letzten Jahrzehnten viel an Fläche verloren. Am Weststrand lädt das Dünenrestaurant **Kap-Horn** zur Stärkung ein [Süderende 24, 25997 Hörnum, Tel. 04651-88 15 48, kap-horn-sylt@t-online.de, www.kap-horn-sylt.de]. Hier oder am Strand kann man zusehen, wie die Sonne im Meer versinkt, und vielleicht sogar einen Schweinswal sichten.

Ausflug 2: In den wilden Osten

Optimaler Start für die Erkundung des Sylter Ostens ist ein Besuch in **Tinnum**, denn in den Wiesen versteckt sich ein kleines Kinderparadies. Neben Rehen, Uhus, Schweinen leben im **Tierpark Tinnum** auch Papageien und Emus [Ringweg 100, 25980 Tinnum, Tel. 04651-326 01. Mai-Okt tgl. 10-19 Uhr, Erw. € 12, Kinder (3-14 J.) € 6].

Schokotraum

*Süßschnäbel pilgern ins Tinnumer Gewerbegebiet: In der **Sylter Schokoladenmanufaktur**, einem Ableger des Café Wien in der Westerländer Strandstraße, werden fast 300 Schokoladen- und 100 Pralinensorten gefertigt und verkauft, ob pur, mit Chili, Meersalz oder Champagner, laktosefrei oder als Syltella-Aufstrich. Zum Fliegerhorst 15, 25980 Tinnum, Tel. 04651 299 15 01, info@cafe-wien-sylt.de, www.sylter-schokoladenma nufaktur.de. Tgl. 10-18 Uhr.*

Am Ortseingang von **Keitum** weiter östlich lässt man das Auto stehen, denn fast das gesamte Friesendorf mit seinen reetgedeckten Kapitänshäusern und der St.-Severin-Kirche (12. Jh.) ist verkehrsberuhigt. Bei einer Rallye durchs **Sylter Heimatmuseum** des Söl'ring Foriining erfährt man viel über die von Schifffahrt, Walfang und Sturmfluten geprägte Inselgeschichte [Am Kliff 19, 25980 Keitum, Tel. 04651-316 69, soelring-foriining@t-online.de, www.soelring-foriining.de. April-Okt Mo-Fr 10-17, Sa/So 11-17, sonst Mi-Sa 12-16 Uhr, Kombikarte mit Altfriesischem Haus Erw. 6,50, Kinder € 3]. Der Heimatverein hält zudem das **Altfriesische Haus** in Schuss, das die Wohnkultur des 18. Jahrhunderts veranschaulicht, und in der **Museumsweberei** darf an Kinderwebstühlen gearbeitet werden [Am Kliff 13, 25980 Keitum, Tel. 04651-311 01. Öffnungszeiten und Preise siehe Heimatmuseum, Weben Di-Fr 15-17 Uhr]. Danach bietet sich ein Bummel durch den Ort an. Fischliebhaber bekommen in **Fiete's Bistro** bei „Friesentapas" einen Vorgeschmack auf die Küche des Haupthauses **Fisch-Fiete** [Weidemannweg 3, 25980 Keitum, Tel. 04651-889 89 29, Restaurant 321 50, info@fisch-fiete.de, www.fisch-fiete.de].

Am „Tor zur Insel"
Vom **Keitumer Kliff** aus könnte man dem Kurweg am Watt entlang zu Fuß bis Braderup (siehe S. 84) folgen, doch heute geht es weiter nach Morsum. Das „Tor zur Insel" liegt malerisch zwischen Wiesen, Feldern und Heideflächen. Kurz vorm Hindenburgdamm erhebt sich das **Morsum-Kliff**. Auf fast zwei Kilometer Länge lassen sich hier bis zu acht Millionen Jahre alte Erdschichten erkennen. Vom Parkplatz am **Hotel-Restaurant Morsum-Kliff** weist ein Schild den Weg durch die Heide- und Dünenlandschaft.

Spaziergang durch die Heide- und Dünenlandschaft auf dem Morsum-Kliff

Im Restaurant, vom Gault Millau mit einer Haube gekrönt, kann man es sich nach dem Kliffbesuch gutgehen lassen [Nösistig 13, 25980 Morsum, Tel. 04651-83 63 20, info@hotel-morsum-kliff.de, www.hotel-morsum-kliff.de].

Ausflug 3: Steinzeit- und Naturabenteuer

Für unsere letzte „Tour de Sylt" steigt man am besten in den Bus. Los geht's im angenehm unaufgeregten **Wenningstedt** zwischen Westerland und Kampen. Von der Haltestelle Hauptstraße (Bus 1) spazieren die Ausflügler am Dorfteich entlang zum **Denghoog**, einem über 5000 Jahre alten Ganggrab, das auch innen besichtigt werden darf [Am Denghoog, 25996 Wenningstedt-Braderup, Tel. 0170-697 16 87. April-Okt Mo-Fr 10-17, Sa/So 11-17 Uhr, Erw. € 2,50, Kinder € 1,50]. Nun haben Sie die Wahl: Ein etwa 3,5 Kilometer langer Spaziergang führt über den Dünensteg vom Parkplatz an der Strandkorbhalle zum beeindruckenden **Roten Kliff** und weiter nach Kampen. Oder Sie fahren mit dem Bus 3a bis Braderup zum **Naturzentrum der Naturschutzgemeinschaft Sylt** [M.-T. Buchholz-Stich 10a, 25996 Wenningstedt-Braderup, Tel. 0465-444 21, naturschutz-sylt@t-online.de, www.naturschutz-sylt.de. April-Okt Mo-Sa 10-18 Uhr, Eintritt frei, Spenden erbeten]. Alles Wissenswerte rund um die Insel, den Küstenschutz, Flora und Fauna ist hier kindgerecht aufbereitet. Der Verein bietet zudem Führungen am Morsum-Kliff und durch die Braderuper Heide an. Natürlich kann man auch auf eigene Faust durch diese urwüchsige Landschaft bis nach **Kampen** spazieren.

> ## Unterwegs mit zwei PS
> *Ihre Kids haben keine Lust auf Wandern? Da trifft es sich gut, dass man von Mai bis Oktober das schöne* **Keitum** *in einer schaukelnden* **Kutsche** *erobern kann. Tourismus-Service Keitum, Gurtstig 23, 25980 Keitum, Tel. 04651-33 70, www.keitum.de, Mai-Okt Mi u. So 11-14 Uhr, ca. 60 Min., Erw. € 7, Kinder € 3,50/ca. 60 Min.*

In den hohen Norden

Von Kampen lassen sich die Syltentdecker zum **Lister Hafen** kutschieren (Bus 1, 5). Im nördlichsten Inselort lockt das **Erlebniszentrum Naturgewalten** (siehe S. 99), aber auch sonst gibt es viel zu gucken: Hier legen täglich die Fähre nach Rømø, Krabbenkutter, Segelboote und Ausflugsschiffe an und ab, auch so manches Kreuzfahrtschiff wird hier gesichtet. Und im Sommer sticht fast täglich der Kutter „Gret Palucca" mit kleinen Piraten in See (siehe S. 95). Vom Strandkorb vor **Goschs „nördlichster Fischbude Deutschlands"** oder vom **Hafendeck** darüber hat man einen guten Blick auf das maritime Treiben [Am Hafen, 25992 List, Fischbude Tel. 04651-87 04 01, Hafendeck Tel. 04651-836 09 66, info@gosche,de, www.gosch.de]. Bei List liegt auch der nördlichste Punkt Deutschlands: der **Ellenbogen**. Die unberührte Natur des Vogelschutzgebietes ist wie geschaffen für einen ausgedehnten Spaziergang, doch heute werden Ihre Kids sicher streiken – ein guter Grund, noch einmal nach Sylt zu kommen!

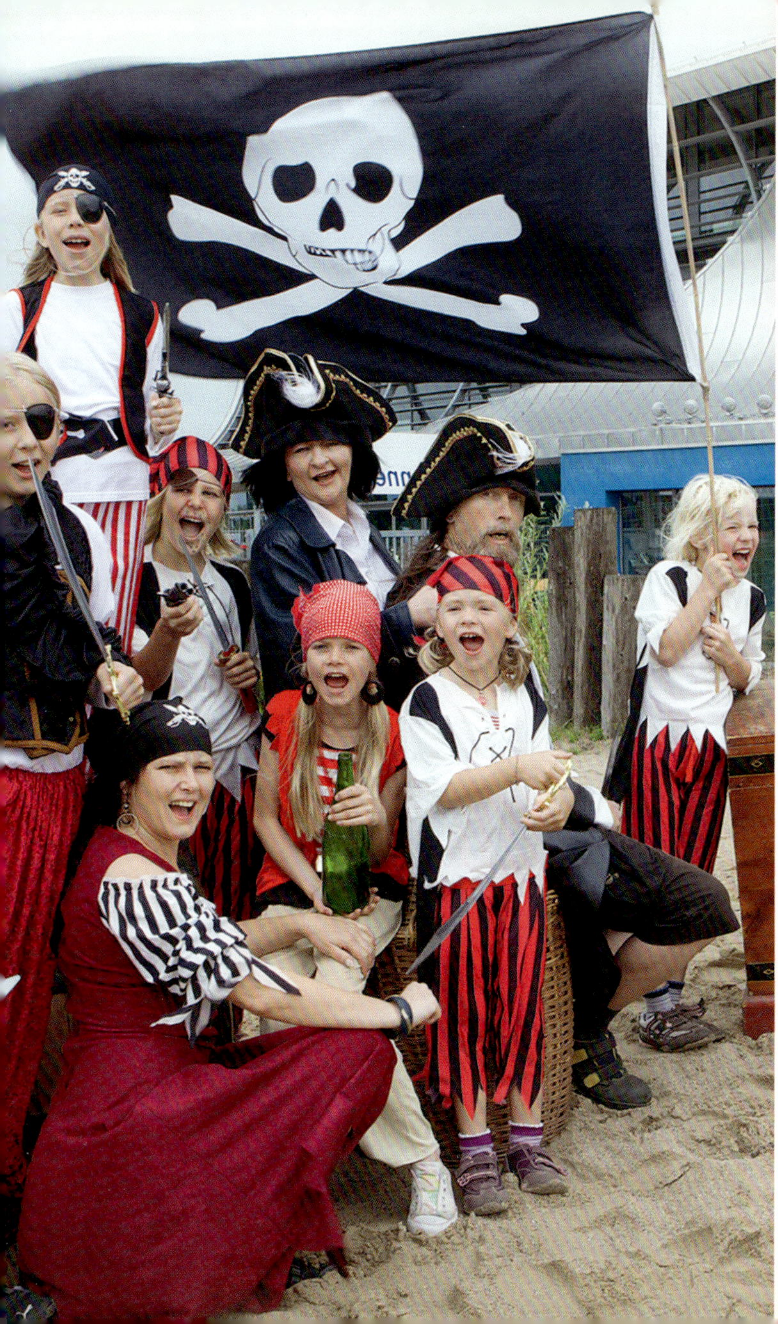

DIE TOLLSTEN ATTRAKTIONEN FÜR KINDER

Steinzeitpark Dithmarschen

Lust auf eine Zeitreise rund 5.000 Jahre zurück in die Vergangenheit? Dann auf nach Albersdorf. Auf dem ca. 40 Hektar großen Areal des Steinzeitparks Dithmarschen entsteht nach und nach eine Kulturlandschaft, wie sie zur Zeit der ersten Bauern in Schleswig-Holstein ausgesehen haben kann. Vom Eingang führt der Weg ins Freigelände mit Großsteingräbern, Riesenbetten und Grabhügeln aus Jungstein- und Bronzezeit. Hier weiden alte Haustierrassen wie Parkrinder, Vielhornschafe, Ziegen und Konik-Wildpferde, Infotafeln erklären einzelne Stationen, etwa was auf den Feldern so alles wächst – heute wie damals.

Leben wie Fred Feuerstein

Dann geht es ins Steinzeitdorf, das ständig vergrößert wird. Die Häu-

Basteln und matschen im Museum

*Noch mehr Steinzeitluft schnuppern kann man im **Museum für Archäologie und Ökologie Dithmarschen**. Gezeigt wird die Entwicklung der Region von der Steinzeit bis ins Mittelalter. Sehr beliebt: der Basteltisch und die Sandexperimentierstation im Museumshof. Bahnhofstr. 29, 25767 Albersdorf, Tel. 04835-97 19 74, info@museum-albersdorf. de, www.museum-albersdorf. de. So 11-17, Di-Fr 10.30-17 Uhr, Erw. € 2, Kinder € 1, Fam. € 4, Kombiticket mit Steinzeitpark Mo-Sa € 3,50/€ 1,50/€ 7, So € 5/€ 2/€ 10.*

ser „Flögeln", „Pennigbüttel" und „Flintbek" sind nach archäologischen Funden rekonstruiert und zum Teil „urgeschichtlich" eingerichtet. So richtig spannend ist es sonntags und an den zahlreichen Aktionstagen: Dann darf kind mit Naturfarben malen, Steinzeitmesser bauen, töpfern und vieles mehr. Manchmal lassen sich auch „echte" Steinzeitmenschen sehen: Ein Schamane spielt auf seiner Flöte, Tierhäute werden gegerbt, Brotteig geknetet – unter dem Motto „Schöner wohnen in der Steinzeit" verbringen Archäologie-Studenten der Uni Hamburg jeden Sommer eine knappe Woche in Albersdorf. Sie führen durch das Dorf und laden Groß und

So wohnten unsere Vorfahren

Klein zum Schmuckbasteln, Nähen oder Stockbrotgrillen ein. Es lohnt sich also, vor dem Besuch zu erfragen, ob Aktionen stattfinden.

Steinzeitpark Dithmarschen, *Süderstr. 47, 25767 Albersdorf, Tel. 04832-959 73 33 u. 97 10 97, info@aoeza.de, www.aoeza.de. April-Okt Di-Sa 11-17, So/feiertags 14-17 Uhr. Di-Sa (außer an Aktionstagen) Erw. € 2,50, Kinder (6-18 J.) € 1, Fam. € 5, So/feiertags, inkl. Führung um 14 Uhr Erw. € 4,50, Kinder € 1,50, Fam. € 9,50, Parkplatz € 2. Der Steinzeitpark ist jederzeit frei zugänglich, Spenden erbeten.*
Anfahrt: *Pkw: Am südlichen Ortsrand von Albersdorf, östlich der B 204 in Richtung Itzehoe. LVS: Schleswig-Holstein-Bahn bis Albersdorf.*

Seehundstation Friedrichskoog

Was ist eigentlich ein Heuler? Wer diese Frage nicht beantworten kann, ist hier genau richtig. Die Seehundstation Friedrichskoog ist die einzige zugelassene Aufnahmestelle für verlassen oder erkrankt aufgefundene Robben in Schleswig-Holstein und widmet sich seit über 25 Jahren der tiergerechten Aufzucht, dem Artenschutz und der Forschung. Doch keine Bange, wissenschaftlich-trocken geht es hier gar nicht zu.

Robben auf der Spur

Gleich am Eingang wartet Kurt, der begehbare Seehund, auf spielfreudige Kids. Links lädt die Ausstellung im Infozentrum „Seehund" ein, mehr über Seehunde, Kegelrobben und andere Meeressäuger zu erfahren. Per Videokameras und „live" vom ersten Stock aus kann man in den abgeschirmten Aufzuchtbereich schauen, sofern sich gerade ein paar Heuler – von der Mutter dauerhaft verlassene Jungtiere – in der Station befinden. Wenn Fütterungszeit ist, geht's schnell nach draußen zu den Seehunden und Kegelrobben, die sich im großen Beckensystem mit rund 800 Kubikmetern Nordseewasser tummeln. Dabei erzählt ein Mitglied des kleinen Teams Interessantes über die Robben und die Arbeit der Station. Beispielswei-

Kegelrobbe Nemi begrüßt die Besucher der Seehundstation

se, dass die Fütterung meist mit einem Training verbunden ist, damit notwendige Untersuchungen oder Medizingaben für Betreuer und Tiere gefahrlos und stressfrei ablaufen.

Im Unterwasserbereich lassen sich Lümmel, Hein & Co in ihrem Element beobachten. Von hier aus gelangt man zur Erlebnisausstellung „Robben der Welt", die verschiedene Lebensräume der Meeressäuger erfahrbar macht: So kann man in die dunkle Höhle der Mönchsrobbe schauen oder einem Seeleoparden in der Antarktis auf der Jagd folgen. Im Sinnestunnel eine Etage drüber probieren die Lütten fühlend und tastend aus, wie sich Seehunde in der Nordsee zurechtfinden.

Seehundstation Friedrichskoog e.V., An der Seeschleuse 4, 25718 Friedrichskoog, Tel. 04854-13 72, info@ seehundstation-friedrichskoog.de, www.seehundstation-friedrichskoog. de. März-Okt tgl. 9-18, Nov-Feb 10-16 Uhr, Fütterung März-Okt 10.30, 14, 17.30, Nov-Feb 10.30, 14 Uhr, Erw. € 5, Kinder (2-16 J.) € 3,50; Kombikarte mit Multimar Wattforum und

Naturzentrum Katinger Watt Erw. € 11,60, Kinder (4-16 J.) € 8, Fam € 33,20.

***Anfahrt:** Pkw: B 5 zwischen Marne und Meldorf, in Krumwehl bzw. Trennewurth Richtung Friedrichskoog, im Ort ausgeschildert. LVS: Nord-Ostsee-Bahn bis St. Michaelisdonn, dann Bus 2509 bis Marne, dann Bus 2510 bis Friedrichskoog Hafen.*

> ### Willi, der Wal
> *In Friedrichskoog ist auch der **Indoor-Spiele-Wal Willi** gestrandet. In seinen mächtigen Bauch hat er sich Riesentrampoline, Kletterlabyrinthe und vieles mehr einverleibt. Getobt wird auf Socken, die man bei Bedarf an der Kasse kauft. Am Hafen 10, 25718 Friedrichskoog, Tel. 4854-90 46 60, spielen@ wal-friedrichskoog.de, www.wal-friedrichskoog.de. Mo-Fr 14-19, Sa/So u. SH-Ferien 10-19 Uhr, ab 2 J. € 6, Fam. € 22.*

Im Bauch von Willi, dem Wal, verbirgt sich ein Indoor-Spielcenter

Sturmflutenwelt Blanker Hans

Büsum, 16. Februar 1962: Viele Menschen suchen Schutz in der Gaststätte Zum Deichgrafen vor der angekündigten Sturmflut. Als die Deiche zu brechen drohen, flüchten sie sich in moderne Rettungskapseln – glücklicherweise befinden wir uns in der sehr gegenwärtigen Sturmflutenwelt Blanker Hans, und die Gaststätte ist Ausgangspunkt einer zehnminütigen Fahrt durch eine fiktive Sturmflut mit vielen Effekten.

In der Sturmflutenwelt wird jeder zum Klimaforscher

Natur und Küstenschutz

Wohlbehalten landen Sie in der „Off-shore-Forschungsstation". Hier wird interaktiv über den Blanken Hans, Wetter, Klima und Gezeiten informiert. Im Archiv des Wissens kommen die Zeitzeugen der Sturmflut von 1962 zu Wort. Im Bereich für kleine Küstenforscher läuft ein kindgerechter Film zum Thema, außerdem können sie Hörspielen lauschen. Auf dem Weg zum Ausgang passieren Sie den Sonderausstellungsbereich: 2011 dreht sich hier alles um Piraten (Foto siehe S. 85).

Sturmflutenwelt Blanker Hans, Dr.-Martin-Bahr-Str. 7, 25761 Büsum, Tel. 04834-90 91 35, info@blanker-hans. de, www.blanker-hans.de. April-Okt tgl. 10-18, Juli/Aug bis 19, letzter Einlass 17/18 Uhr, Nov-März siehe Homepage, Erw. € 10/mit Gästekarte € 9, Kinder (4-15 J.) € 7, Fam. € 29/25. **Anfahrt:** Pkw: Am Büsumer Hafen kostenloser Parkplatz. LVS: Schleswig-Holstein-Bahn bis Büsum.

Rasanter Fahrspaß

*Gegenüber der Sturmflutenwelt finden Fans heißer Reifen den **Nordseering Büsum**. Die Outdoor-Kartbahn hat auch eine 200 Meter lange Strecke und Karts extra für Mini-Rennfahrer ab 6 Jahren, zudem Doppelkarts, in denen Eltern jüngere Kinder mitnehmen können. Segeltörn 1, 25761 Büsum, Tel. 04834-955 50, fax@nordseering. de, www.nordseering.de. Juli-Anf. Sep tgl. 10 bis max. 22 Uhr, Ende März-Juni, Anf. Sep-Nov Mo-Fr ab 13 oder 16 Uhr, Sa/So ab 10 bis max. 22 Uhr, 1 Fahrt à 10 Min. pro Kart € 12, Doppelkart € 17, Kinderkart € 8.*

Naturzentrum Katinger Watt

Wo einst Wattwurm und Strandkrabbe wohnten, ist seit dem Bau des Eidersperrwerks (siehe Kasten) ein neues Refugium für Graugans, Kiebitz, Feldlerche & Co entstanden. Das Areal rund um die ehemalige Eidermündung bildet heute auf rund 1200 Hektar ein Naturschutzgebiet mit Feuchtwiesen, Teichen, Laubwald, Schilf- und Ackerflächen. An den alten Deich am Nordrand dieser Naturidylle schmiegt sich das NABU-Naturzentrum Katinger Watt. Am Eingang können sich Nachwuchswissenschaftler Forschungskoffer und -buch schnappen und mit Umweltforscher Willi auf Erkundungstour gehen. Zuerst marschieren alle in die kleine Ausstellung: Die Geschichte der Eider, die Entstehung des Katinger Watts und

Sturmfluten-Bollwerk

*Wer von Süden her zum Katinger Watt fährt, passiert zwangsläufig das **Eidersperrwerk**. Mitten durch den Koloss führt ein Autotunnel, der Dithmarschen mit Eiderstedt verbindet. Der größte Bau des deutschen Küstenschutzes verkürzt seit 1973 die Deichlinie an der Eidermündung von 60 auf 5 Kilometer. Oben kann man einmal über das Technikwunder spazieren und die gigantischen Siltore inspizieren. Und die Autobrücke auf der Eiderstedter Seite beobachten, die für kleine Kutter oder Ausflugsschiffe einfach nach oben geklappt wird.*

Ein echtes Abenteuer: sich „blind" den Fühlpfad entlangzutasten

natürlich seine Tier- und Pflanzenwelt werden anhand von Dioramen, Fotos und Präparaten veranschaulicht. Zwei Aquarien stellen die Lebewesen aus Meer und Süßwasser gegenüber. Willis Freunde wissen spätestens jetzt, wie eine Sandklaffmuschel oder ein Gründling aussieht. Im üppigen Garten mit Beeten, Teichen, Duft- und Heilpflanzen finden sich überall Spiele, wie eine Badewanne zum Angeln, und der Fühlpfad, an dem es heißt: „Augen zu und durch"!

Naturspiele und Wattdetektive

Darüber hinaus werden zahlreiche Veranstaltungen angeboten, natur- und vogelkundliche Exkursionen durch das Katinger Watt oder die Kindernachmittage, wo Zwerge u. a. erfahren, wie aus einer Kaulquappe ein Frosch wird. Ein echtes Highlight sind die Wattführungen für Kinder ab sechs, Jüngere dürfen in Begleitung der Eltern teilnehmen. Zwei Stunden lang wandern die Wattdetektive rund um die Vollerwieker Sandbank, sinken in den Schlick ein, durchwaten Priele und halten nach „Wattsalat" und „Meeresspargel" Ausschau. Zwischendurch werden Spiele gespielt, die geduldigen Führer, meist Absolventen eines freiwilligen ökologischen Jahrs, zeigen Fresslöcher und Hinterlassenschaften der Wattwürmer und beantworten geduldig alle Fragen.

NABU Naturzentrum Katinger Watt, *Katingsiel 14, 25832 Tönning, Tel. 04862-80 04, Katinger.Watt@ NABU-SH.de, www.NABU-Katinger-Watt.de. März-Nov tgl. 10-18 Uhr, Spendenempfehlung Eintritt: Erw. 1,50, Kinder € 1, Fam. € 4, Kinderwattführung: Erw. € 3, Kinder € 2.*

Anfahrt: Pkw: Nördlich des Eidersperrwerks, an der L 305 zwischen St. Peter-Ording und Wesselburen, ausgeschildert. LVS: Nord-Ostsee-Bahn bis Kating.

> ### Eiergrog und Klönschnack
> *Unweit des Naturzentrums lädt die **Schankwirtschaft Andresen** zu riesigen Kuchenstücken von Apfel bis Quitte sowie Krabbenbroten mit Spiegelei ein. Ein Muss ist der Eiergrog nach altem Geheimrezept – bitte nicht umrühren! Draußen sitzt man im Schatten alter Linden, drinnen im Reetdachhaus von 1668 auf plüschigen Sofas, an den Wänden kostbare Delfter Kacheln (Katingsiel 3/4, 25832 Tönning, Tel. 04862-370, SchankwirtschaftW. Andresen@t-online.de, www.schankwirt.de. Mai-Okt tgl. 12-23, Nov-April 14-22 Uhr).*

Nationalpark-Zentrum Multimar Wattforum

Im modernen Glasbau des Multimar Wattforums dreht sich alles um den Nationalpark Wattenmeer, um Watt und Wale. In 36 Aquarien werden mehr als 280 Arten Fische, Krebse, Muscheln und Schnecken gezeigt – die ganze Unterwasserwelt vom Bach über das Wattenmeer bis in die tiefsten Tiefen der Nordsee. Im Wortsinn größte Attraktion ist das Großbecken mit einem sechs mal sechs Meter großen Panoramafenster. Nagelrochen, Störe, Dorsche, Wolfsbarsche leben hier und werden regelmäßig von einem Taucher versorgt. Man darf dabei zugucken

An den Mikroskopen lassen sich winzige Algen unter die Lupe nehmen

und den Mann im Gummianzug mit Fragen löchern, der per Mikro antwortet (April-Okt Mo, Fr 14 Uhr, Nov-März nur Mo). Am Tidebecken wird der Wechsel von Ebbe und Flut veranschaulicht, im Brandungsbecken versetzen Groß und Klein die „Nordsee" in Aufruhr und beobachten, wie sich Meeresbewohner bei starkem Wellengang verhalten. Die Tiere dürfen sogar berührt werden!

Spielend forschen

Weiter geht's zu den Aktionsstationen: Steck-, Klapp- und Tastspiele, Unterwasserkameras, Kurzfilme oder Mikroskope. Die ganz Lütten „experimentieren" in der Spielecke mit Puzzles und Bällchenbad. Wer sich ausruhen möchte, begibt sich in die Walausstellung. Während die Kinder das 17,5 Meter lange Skelett eines Pottwals und die Themenkammern rundum inspizieren, können sich Eltern auf der „Sofa-Liegewiese" ablegen und per Kopfhörer Walklängen und -erzählungen lauschen.

Richtig wat(t) erleben

*Ein **Wattwanderung** ist ein einzigartiges Erlebnis und das Angebot riesig. Neben Nationalpark-Rangern und -Führern, NABU (siehe S. 90), Schutzstation Wattenmeer oder dem Verein Jordsand bieten auch regionale Vereine und private Führer Wattwanderungen und Exkursionen an, viele davon sind extra auf kleine Forscher zugeschnitten. Über Angebote und Termine informieren die Tourist-Infos am Urlaubsort bzw. der Veranstaltungskalender. Auf www.nordsee-naturerlebnis.de können Sie gezielt nach Veranstaltungen suchen, und unter www.nationalpark-wattenmeer.de gibt's alle Informationen zum Lebensraum Wattenmeer.*

Vorbei am Turmaquarium mit Hummern und Seewölfen geht's zum Restaurant, von dessen Terrasse eine Treppe zum Wasser-Abenteuerspielplatz führt.

***Nationalpark-Zentrum Multimar Wattforum**, Am Robbenberg, 25832 Tönning, info@multimar-wattforum.de, www.multimar-wattforum.de, Tel. 04861-962 00. April-Okt 9-18, Nov-März 10-17 Uhr, Erw. € 8, Kinder (4-15 J.) € 5,50, Fam. € 24.*
***Anfahrt:** Pkw: B 5 bis Tönning, Beschilderung folgen. LVS: Nord-Ostsee-Bahn bis Tönning, dann 10-15 Min. Fußweg oder Bus 2614 bis Friedrichst. Chaussee.*

Land & Leute Familienpark

Wer nicht auf große Action aus ist, hat Spaß im Land & Leute Familienpark. Das Tolle an der Mischung aus Mini-Jahrmarkt und Streichelzoo ist: Alle „Fahrgeschäfte" sind gratis. Und davon gibt es reichlich: die Parkeisenbahn, Fernlenkboote, E-Motorräder, Trikes und Wackelräder, Kiddy-Bob, Karussell, ein Mini-Riesenrad, das per Muskelkraft betrieben wird, u. v. m. Gleich zwei Indoorspielhallen laden bei plötzlichem Wolkenbruch zum Toben ein, oder man flüchtet sich in die große Scheune mit der Ausstellung „Landwirtschaft & Dorf", wo im Sommer auch der Kasper auftritt. Zudem wuseln Hühner, Enten und Gänse herum oder schwimmen auf den kleinen Teichen. Ein Ritt auf dem Ponyrücken und die Ziegen und Kaninchen auf der Streichelwiese erfüllen so manchem Großstadtkind lang gehegte Wünsche. Auf dem Grillplatz können Sie mitgebrachte Würstchen auf den Rost legen. Einkehrmöglichkeiten bieten die Terrasse am Ententeich und das Restaurant. In den Sommerferien gibt es jedes Jahr ein Extraprogramm, z. B. Kinderschminken oder Töpfern – natürlich im Eintritt inklusive.

Land & Leute Familienpark, Wehren 1, 25764 Oesterwurth, Tel. 04833-29 29 u. 23 86, info@land-und-leute-park.de, www.land-und-leute-erlebnispark.de. Mitte April-Okt tgl. 10-18, Einlass bis 16 Uhr, Erw. € 9, Kinder (ab 3 J.) € 9, Fam. ab € 33.
Anfahrt: Pkw: Ab Heide Ri. Wesselburen, am Ortseingang von Wesselburen re. Ri. Tiebensee. LVS: Schleswig-Holstein-Bahn bis Jarrenwisch.

Idylle hinterm Deich

In Heringsand, zehn Kilometer westlich vom Familienpark, finden Sie ein idyllisches Plätzchen hinterm Deich. Auf einer Warft erhebt sich das reetgedeckte **Haus am Watt**, in dem man hausgebackene Torten, Pfannkuchen und belegte Brote bekommt. Die Kids vergnügen sich danach im Garten und bei den Hühnern, Katzen und Pferden. Heringsander Str. 4, 25764 Heringsand, Tel. 04833-18 11, info@hausamwatt.de, www.hausamwatt.de. Tgl. 12-18, Nov-Ostern Sa/So 14-18 Uhr.

Idylle im Erlebnispark Land & Leute

Westküstenpark & Robbarium

Aspisvipern, Poitou-Esel, Spornschildkröten, Turmfalken und und und – über 800 Tiere haben im Westküstenpark & Robbarium ein Zuhause. Größter Hit sind die Seehunde im Robbarium. Deshalb sollte man gegen 10.30 Uhr kommen, denn eine halbe Stunde später beginnt deren Fütterung. Und welches Kind möchte nicht einen Platz im „Aussichtskutter" am Beckenrand ergattern? Abgesehen von Spielattraktionen und Streichelgehegen ist auch das große Freigelände mit Nandus, Maras und Alpakas ein Erlebnis für Kinder. Zwischendurch versorgt das Parkrestaurant „Naske Pük" hungrige Tierfreunde. Besonders die Minis freuen sich, dass die Terrasse an die Terrarien grenzt und sie Schildkröten begucken können. Bis Sie die 14,5 Hektar große Anlage mit Wiesen, Seen und Vogelinseln erkundet haben, ist es vielleicht schon 16 Uhr, und

Puppentheater nach Wunsch

*In ihrem Garten am Gardinger Jungfernstieg bezaubert Marianne Vocke Groß und Klein seit Jahren mit ihren **Stabpuppen**. Gegeben werden Märchen (45 Min.) und Opern (90 Min.). Termine im Veranstaltungskalender der Tourist-Info Garding und St. Peter-Ording. Bei rechtzeitiger Anfrage werden gern individuelle Wünsche berücksichtigt. M. Vocke, Mückenberg 6, 25836 Garding, Tel. 04862-171 86, www.puppentheater-vocke. de. Märchen € 5/Pers., Opern Erw. € 10, Kinder € 5, Familienrabatt.*

Sie können sich die Seehundfütterung ein zweites Mal anschauen.

Westküstenpark & Robbarium St. Peter-Ording, *Wohldweg 6, 25826 St. Peter-Ording, Tel. 04863-30 44, info@westkuestenpark.de, www.westkuestenpark.de. April-Okt tgl. 9.30-18, Juli/Aug bis 19 Uhr, Nov-März bitte erfragen, Erw. € 9/mit Gästekarte € 8,50, Kinder (3-15 J.) € 6,50/6, Fam. € 27,50/25,50.*
Anfahrt: *Pkw: Von Tönning oder Heide Beschilderung folgen. LVS: Nord-Ostsee-Bahn bis Bad St. Peter Süd, 5 Min. Fußweg, dann Bus 1084 bis St. Peter-Ording Westküstenpark.*

Auch Schraubenziegen lassen sich im Westküstenpark bestaunen

Piratenfahrt

Seeräuber-Alarm! Nicht nur während der Piratentage (siehe Kasten S. 75) werden einäugige Schurken in **Wyk** gesichtet, nein, im Sommer heißt es zwei- bis dreimal pro Woche: „Mit Käpt'n Störtebeker auf Piratenfahrt". Wer auf der **MS Rüm Hart** anheuert, wird mit Holzsäbel, Augenklappe, Hut und Piratenhemd ausgestattet. Auf See werden Seemannsknoten geübt, Geschichten vertellt und ein Schatz gehoben. Wer nicht meutert, darf selbst ans Ruder und erhält das Piratenpatent. Für kleine Abenteurer ab 3 oder 4 Jahren ein riesiges Vergnügen!

Piraten allerorten

Auch andere Reedereien bieten Fahrten unter der Piratenflagge an: Der urige Kutter **Gret Palucca** startet im Sommer fast täglich mit einer Schiffsladung kleiner Seeräuber vom **Lister Hafen** (siehe

Seestern und Babyplattfisch gehören zur Ausbeute beim Seetierfang

Seetierfang & Seehundsbänke

*Wer mit Piraten nichts am Hut hat, für den ist eine **Seetierfangfahrt** genau das Richtige. Fast alle Reedereien bieten diese Fahrten an, zum Teil in Begleitung von Nationalpark-Rangern oder NABU-Mitarbeitern. Dabei werden Seesterne, Muscheln, Strandkrabben und Fische aus der Nordsee geholt und bestimmt. Auf manchen Schiffen, z. B. denen der Reederei Rahder in Büsum (siehe S. 38), werden die Krabben danach gekocht und verspeist. Viele Schiffe passieren unterwegs die **Seehundsbänke**. Es gibt aber auch Extrafahrten, bei denen man die putzigen Meeressäuger beobachten kann. Zusätzliche Anbieter ab Schlüttsiel: Halligreederei Heinrich von Holdt, Neuer Weg 4, 25842 Ockholm, Tel. 04674-15 35, www.seeadler-hooge.de. Seetierfang oder Seehundsbänke einzeln Erw. ca. € 11, Kinder (4-12) ca. € 6, Seetierfang/ Seehundsbänke kombiniert Erw. ca. € 14, Kinder (4-12) ca. € 7.; MS Rungholt, Kapitän Uwe Petersen, Westerweg 4, 25899 Galmsbüll, Tel. (04667)-367, info@halligmeerfahrten.de, www.halligmeerfahrten.de. Seehundsbank mit Seetierfang Erw. ca. € 14, Kinder (12-15 J.) ca. € 10, Kinder (4-11 J.) ca. € 7.*

Der Pirat: furchtlos, todesmutig – und auch äußerst vergnügt

S. 84), und auch ab **Strucklahnungshörn** und **Tönning** bieten die **Adler-Schiffe** Piratenfahrten an. Von **Stenodde** auf Amrum aus startet die **MS Eilun** mit Pirat Gräbiard, ab **Pellworm** fahren die Schiffe der **NPDG** unter dem Kommando von Käpt'n Einauge.

Föhr: *MS Rüm Hart, Wyker Dampfschiffs-Reederei Föhr-Amrum GmbH, Am Fähranleger 1, 25938 Wyk, Tel. 01805-08 01 40 (€ 0,14/Min. Festnetz), info@faehre.de, www.faehre.de. Erw. € 13, Kinder (3-10 J.) € 15.*
Sylt: *Adler-Schiffe GmbH & Co. KG, Boysenstr. 13, 25980 Westerland, Tel. 01805-12 33 44 (€ 0,14/Min. Festnetz), info-sylt@adler-schiffe.de. Erw. ca. € 19, Kinder € 14.*
Nordstrand, Tönning: *Hörnstr. 3, 25845 Nordstrand, Tel. 04842-900 00, info-nordstrand@adler-schiffe.de, www.adler-schiffe.de. Erw. ca. € 18, Kinder € 13.*
Amrum: *„MS Eilun", Kapitän Bandix Tadsen, 25946 Nebel, Waasterstigh 18a, Tel. 04682-23 33, info@eilun.de, www.eilun.de. € 15/Pers.*
Pellworm: *Neue Pellwormer Dampfschiffahrts-GmbH, Am Tiefwasseranleger 1, 25849 Pellworm, Tel. 04844-753, info@faehre-pellworm.de, www.faehre-pellworm.de. Erw. € 12, Kinder € 8.*

Hallig Hooge

Etwas ganz Besonderes sind sie, die zehn deutschen Halligen. Mehrmals im Jahr heißt es hier „Land unter", und nur noch die Häuser auf ihren Warften ragen einsam aus dem Meer.
Hooge, die „Königin der Halligen" ist mit fast sechs Quadratmetern die zweitgrößte im Bunde, etwa 90.000 Tagesbesucher lassen sich pro Jahr von ihrer Schönheit beeindrucken. Auf neun Warf-

ten leben rund 100 Einwohner, inklusive Pastor und Lehrer. Je nachdem, wo Sie starten und wie lange Sie bleiben möchten, können Sie unter verschiedenen Anbietern wählen. Fast täglich steuern etwa die Adler-Schiffe [Adresse siehe oben. Erw. ca. € 23,50, Kinder (6-14 J.) ca. € 15], die Halligreederei Heinrich von Holdt, die MS „Rungholt" [Adressen siehe S. 95] oder die W.D.R. [Adresse siehe oben, Erw. ca. € 16, Kinder (ab 4 J.) ca. € 8] die Hallig an.

Halligalltag und -geschichte

Zu Fuß sind es knappe zwei Kilometer durch die satten, von Prielen durchzogenen Wiesen zur zentralen **Hanswarft**. Wer mit Kindern unterwegs ist, stattet zuerst dem **Sturmflutkino** einen Besuch ab. Alle 20 Minuten zeigt ein 15-minütiger Film ein halligtypisches „Landunter". Danach geht's weiter zum **Königspesel**. Im originalgetreu eingerichteten Kapitänshaus von Tade Hans Bandixen aus dem Jahr 1677 übernachtete einst König Friedrich VI. von Dänemark. Falls der Nachwuchs nicht streikt, schauen sich die Halligerkunder noch das **Heimat- und Halligmuseum** an. 300 Jahre Geschichte in Form zahlreicher Objekte aus den Bereichen Wohnkultur, Alltag, Seefahrt und Walfang sind hier nachzuerleben. Im **Erlebniszentrum Mensch & Watt** mit Gezeitenaquarium und Wattwerkstatt kommen die Kids auf ihre Kosten. Nebenbei werden alle Fragen rund um Natur und Geschichte der Halligen beantwortet. Auf dem Rückweg lohnt ein Abstecher zur **Kirchwarft** mit der Johanniskirche (1637), die aussieht wie ein „normales" Reetdachhaus. Falls am Ende noch Zeit ist, empfehlen sich auf der **Backenswarft** nahe dem Anleger der **Friesenpesel** mit nordfriesischen Spezialitäten oder das Hallig-Café **Zum blauen Pesel**.

Touristikbüro Hallig Hooge, *Hanswarft, 25859 Hallig Hooge, Tel. 04849-91 00, info@hooge.de, www.hooge.de.*

Sturmflutkino, Hanswarft, Tel. 04849-271, www.sturmflutkino.de. Tgl. 10-17 Uhr, außerhalb der Saison n. V., Erw. € 2,10, Kinder (4-16 J.) € 1,10.

Die Hanswarft ist das (tourstische) Zentrum der Hallig Hooge

Königspesel, *Hanswarft, Tel. 04849-219, www.koenigspesel.de. März-Okt tgl. 10-17 Uhr u. n. V., Erw. € 2, Kinder € 1.*
Heimat- und Halligmuseum, *Tel. 04849-238, http://museum.hallig blicke.de. März-Okt tgl. 10-18 Uhr u. n. V., Erw. € 2, Kinder € 1.*
Erlebniszentrum Mensch & Watt, *Schutzstation Wattenmeer, Hans-* *warft 2, Tel. 04849-229, hooge@ schutzstation-wattenmeer.de, www. schutzstation-wattenmeer.de. Tgl. 11-16 Uhr, Eintritt frei, Spenden erbeten.*
Friesenpesel, *Backenswarft 6, Tel. 04849-250, friesenpesel@t-online.de, www.friesenpesel.de.*
Zum blauen Pesel, *Backenswarft 2, Tel. 04849-231, info@blauerpesel.de, www.blauerpesel.de.*

InselCircus Mignon

Auf einer Wiese in der Nähe des Sylter Denghoogs (siehe S. 84) schlägt von Ende Juni bis August der InselCircus Mignon seine Zelte auf. Neben den Zirkusshows mit Ensembles aus aller Welt steht auch der internationale Wettbewerb des **SOLy-CIRCO** mit atemberaubenden Darbietungen auf dem Programm.

Aus Ferienkindern werden im InselCircus Mignon Artisten

Nachwuchsartisten

Ein Renner ist stets der **MitmachCircus** für Nachwuchsartisten (6-14 J.), die sich eine Woche lang in zwölf Disziplinen von Akrobatik bis Clownerie üben. Zum Abschluss zeigen sie ihr Können in der großen Gala-Show im Zirkuszelt. Drei- bis Fünfjährige sind montags bis freitags im **FlohCircus** als Mini-Artisten bestens aufgehoben und dürfen zum Schluss ebenfalls auftreten. Stunden- bis tageweise Betreuung (ab 3 J.) ist im Rahmen des **SaltoMortale** möglich, auch mit Übernachtung im Zirkuswagen (ab 6 J.). **CircoRante**, das verrückte Zirkusrestaurant, sorgt für ein unkompliziertes und spaßiges Essvergnügen bei Pizza, Pasta & Co. Nach den MitmachCircus-Galas gibt es ein köstliches Buffet – unbedingt reservieren.

*InselCircus Mignon, Juni-Aug: Kampener Weg, 25996 Wenningstedt, Tel. 04651-29 94 99, sonst: Projektgesellschaft Mignon e.V., Osdorfer Landstr. 380, 22589 Hamburg, Tel. 040-32 08 28 02 (Mo-Fr 9-16 Uhr), direktion@ circus-mignon.de, www.circus-mignon.de. MitmachCircus vormittags € 110, nachmittags € 90, FlohCircus € 110, SaltoMortale ab € 16. **Anfahrt:** Pkw: L 24 Ri. Kampen, am Ortsausgang von Wenningstedt. LVS: Nord-Ostsee-Bahn bis Westerland, dann Bus 1 bis Wenningstedt Post.*

Erlebniszentrum Naturgewalten Sylt

Wie verändert sich das Wetter in den nächsten Jahren? Wie leben Menschen und Tiere mit den Naturgewalten? Diese und andere Fragen werden im Erlebniszentrum Naturgewalten am Lister Hafen beantwortet. Zu den verschiedenen Themenbereichen finden sich Spielstationen wie das Salzwiesenpuzzle oder die Miniwasserbahn für Entenwettrennen. Und anhand von Filmen und kindgerechten Hörspielen werden wissenschaftliche Phänomene verständlich.

Aus der Wattwurmperspektive

Im Themenbereich „Klima, Wetter, Klimaforschung" können Sie einen Ausflug

Sylter Royal

*Ein Glück für Gourmets: Seit 1986 wird im Wattenmeer bei List die Pazifische Felsenauster kultiviert. Das Erlebniszentrum bietet Wattführungen zu den Austernbänken an, und bei **Dittmeyer's Austern-Compagnie**, zu dem das Bistro Austernmeyer gehört, können Sie die Delikatesse kaufen und kosten. Hafenstr. 10-12, 25992 List, Tel. 04651-87 08 60, www.sylter-royal.de. Bistro: Tel. 04651-87 75 25. Sommer: 12-22, Winter bis 20.30 Uhr.*

Auch die Jüngsten werden im Erlebniszentrum Naturgewalten zu Forschern

ins All unternehmen und das Erdklima aus der Astronautenperspektive beobachten. Auch in der „Polarstation" des Alfred-Wegener-Instituts werden die Besucher zu Klimaforschern. Das „Leben mit Naturgewalten" beeindruckt mit dem überdimensionalen Tunnel, in dem Sie die Welt aus der Sicht der Wattbewohner erleben. Zudem erfährt man, welche Überlebensstrategien Tiere und Pflanzen entwickeln, um mit Gezeiten, Sturm und Salz zurechtzukommen. Im Bereich „Kräfte der Nordsee" lauscht man per Kopfhörer den Zeitzeugen, die über Stürme und Sturmfluten berichten. Ein Spaß ist der Wellenkanal, in dem kind selbst Wellen und Wind erzeugen darf. Und dann lockt noch der 800 Quadratmeter große Spielplatz: Wackelbrücke, Matschplatz, der Wohnwagen eines Vogelwarts, Fühl- und Riechstationen,

Energieräder und das Wattbecken wollen genau erforscht werden. Im angrenzenden „Restaurant Naturgewalten" kann man noch gut verweilen, wenn das Erlebniszentrum seine Türen geschlossen hat.

Erlebniszentrum Naturgewalten Sylt, *Hafenstr. 37, 25992 List, Tel. 04651-83 61 90, info@naturgewalten-sylt.de, www.naturgewalten-sylt.de. Jan-Juni, Sep-Dez tgl. 10-18, Juli/Aug 10-20 Uhr, Erw. € 12/mit Kurkarte € 11, Schüler ab 16 J. € 10/9, Kinder (4-15 J.) € 7,50, Fam. € 32/30. Restaurant Tel. 04651-20 15 57, info@restaurant-naturgewalten.de, www.restaurant-naturgewalten.de.* *Anfahrt:* *Pkw: Am Lister Hafen. LVS: Nord-Ostsee-Bahn bis Westerland, dann Bus 1 bis List Fähre.*

Fakten von A bis Z

Ankunft/Anreise

Fast alle Autofahrer führt die Reise über Hamburg, um kurz hinter der Hansestadt entweder die A 23 Richtung Husum/Heide oder weiter nach Norden die A 7 einzuschlagen. Über Lübeck und Neumünster (A 1 und A 21) reist, wer aus dem Nordosten kommt. Eine bequeme Variante für Urlauber aus dem Süden ist die Anreise per Autozug, der von München, Lörrach und Villach bis Hamburg fährt (Buchung und Info: www.dbautozug.de). Autofähren gibt es nach Amrum, Föhr, Pellworm und Sylt, Letzteres ist zudem mit dem Autozug von Niebüll über den Hindenburgdamm erreichbar (Buchung und Info: www.syltshuttle.de).

Wer die Inseln und Halligen besuchen möchte, lässt den Wagen am besten auf dem Festland stehen. Nordstrand und die Hamburger Hallig (siehe S. 58) kann man zwar mit dem Pkw befahren, sie bilden jedoch eine Ausnahme. Auf den anderen Halligen sowie auf Helgoland sind Autos nicht erlaubt bzw. nicht gern gesehen (so auch auf Amrum). An allen Fährhäfen stehen ausreichend Parkplätze zur Verfügung. Wer per Bahn oder Flugzeug anreist, findet in den größeren Orten sowie z. B. am Flughafen Sylt Autovermietungen vor.

Die Deutsche Bahn bietet Direktverbindungen im IC aus dem Ruhrgebiet, dem Raum Dresden/Berlin und Frankfurt/M./Hannover über Hamburg,

Ab Niebüll geht's mit dem Autozug über den Hindenburgdamm nach Sylt

Ferienpass Dithmarschen

*Wer in der Region Dithmarschen Urlaub macht, sollte sich den **Ferienpass** des Kreisjugendrings besorgen: Der Ausweis bietet vergünstigten oder gar freien Eintritt bei rund 70 Anbietern im und außerhalb des Kreises, z. B. im Westküstenpark St. Peter-Ording, in Freibädern, Museen, zu Golfplätzen, bei Wattführungen etc. Der Ferienpass ist zu Beginn der Sommerferien gegen eine Gebühr von € 1,50 bei den Tourist-Infos erhältlich oder beim Kreisjugendring, Waldschlößchenstr. 39, 25746 Heide, Tel. 0481-887 46, www.kjr-dithmarschen.de.*

Auch mit dem Flugzeug kommen Sie an die Nordseeküste: Der Flughafen Sylt bei Westerland wird u. a. von Berlin, Düsseldorf, Frankfurt/M., Hamburg und München angeflogen (Infos unter www.flughafen-sylt.de).

Auskunft

Ob Hallig, Insel oder Festland, in allen Ferienorten bieten die Gäste- und Tourist-Infos, Kurverwaltungen und Fremdenverkehrsvereine Hilfe bei der

Öffentlicher Nahverkehr

*Dank des gut ausgebauten Nahverkehrsnetzes lassen sich alle größeren Orte mit Bussen und Bahnen erreichen (Fahrpläne unter der kostenpflichtigen Service-Hotline 01805-71 07 07 oder www.nah.sh). Gästekartenbesitzer bekommen Ermäßigungen beim Busverkehr. Mit dem **Schleswig-Holstein-Ticket** fahren Einzelreisende einen Tag lang in allen Nahverkehrszügen in der 2. Klasse für € 26 in Schleswig-Holstein, Mecklenburg-Vorpommern und Hamburg. Bis zu vier weitere Personen können für je € 3 mitgenommen werden, eigene Kinder bis 14 Jahre kostenfrei. Generell sind bei den Nahverkehrsbetrieben Schleswig-Holsteins max. drei Kinder bis 5 Jahre in Begleitung Erwachsener frei, 6- bis 14-Jährige zahlen den ermäßigten Tarif.*

Heide und Husum nach Westerland/Sylt. Auf der Strecke Hamburg–Sylt verkehrt auch die Nord-Ostsee-Bahn (NOB) mit zusätzlichen Stationen. Mit den Nahverkehrszügen der NOB, der Norddeutschen Eisenbahngesellschaft (neg) und der Schleswig-Holstein-Bahn (SHB) gelangt man in die meisten größeren Ferienorte wie Büsum, St. Peter-Ording oder nach Dagebüll, wo die Fähren nach Föhr und Amrum ablegen.

Weitere Fährverbindungen gibt es von Strucklahnungshörn auf Nordstrand nach Pellworm, Sylt sowie zur Hallig Nordstrandischmoor. Von Schlüttsiel fahren die Schiffe zu den Halligen Langeneß, Oland, Gröde, Hooge und nach Amrum. Helgoland wird ab Cuxhaven, Büsum, Hamburg, Wedel und Wilhelmshaven angesteuert.

Unterkunftssuche sowie Prospektmaterial und Gastgeberverzeichnisse. Allgemeine Infos bekommt man hier:
Tourismus-Agentur Schleswig-Holstein GmbH, *Wall 55, 24103 Kiel, Tel. 01805-60 06 04 (0,14 €/Min., mobil max. 0,42 €/Min.), info@sh-tourismus.de, www.sh-tourismus.de*
Nordsee-Tourismus-Service GmbH, *Zingel 5, 25813 Husum, Tel. 01805-06 60 77 (0,14 €/Min., mobil max. 0,42 €/Min.), info@nordseetourismus.de, www.nordseetourismus.de*
Dithmarschen Tourismus e.V., *Markt 10, 25746 Heide, Tel. 0481-212 25 55, info@dithmarschen-tourismus.de, www.dithmarschen-tourismus.de*
Nordfriesland Tourismus GmbH, *Am Badedeich 1, 25899 Dagebüll, Tel, 04667-950 00, info@nf-tourismus.de, www.nf-tourismus.de*

Babysitter/Kinderbetreuung
Dass auch die Großen im Urlaub eine Auszeit vom Nachwuchs brauchen – oder umgekehrt –, haben viele Gastgeber erkannt und vermitteln Babysitter oder veranstalten selbst Kinderprogramme. Gerade auf den Ferienbauernhöfen haben (ältere) Kinder meist so viel zu tun, dass sie sich höchstens bei den Mahlzeiten sehen lassen (siehe auch Unterkünfte, S. 108). Zudem bieten viele Ferienorte regelmäßige Kinderbetreuung an, Infos über die örtliche Tourist-Info. Gern hilft man dort auch bei der Suche nach einem individuellen Babysitter.

Camping
Entlang der Nordseeküste und z. T. auch auf den Inseln finden sich fast 50 Campingplätze (inkl. Wohnmobilstell-

Kinder-Unis
*In den Ferien auch noch büffeln? Na klar! Im Juli und August werden kleine Föhr-Urlauber (8-14 J.), die z. B. wissen möchten, wie der Sand an den Strand kommt, zu Studenten, der **Kurgartensaal** zum Hörsaal und die ganze Insel Schauplatz spannender Exkursionen (Föhr Tourismus GmbH, Feldstr. 36, 25938 Wyk auf Föhr, Tel. 04681-300, urlaub@foehr.de, www.kinderuni-foehr.de. Vorlesungen € 5, Termine und Kosten für Exkursionen im Veranstaltungskalender). Auch wissbegierige Kids (6-14 J.) auf Sylt können „echte" Vorlesungen besuchen, z. B. zum Thema Wattenmeer: montags um 11 Uhr in der **event:halle** der Sylt-Quelle in Rantum und donnerstags im **Erlebniszentrum Naturgewalten List** (siehe S. 99; Infos und Tickets: Stiftung kunst:raum sylt quelle, Hafenstr. 1, Tel. 04651-920 33, 25980 Rantum, info@ sylt-quelle.de, www.kunstraum-syltquelle.de. Juli/Aug, € 5,50).*

plätze). Die meisten davon liegen in Strandnähe – allein acht Plätze hat St. Peter-Ording vorzuweisen. Für Familien oft eine günstige Alternative zu Hotel, Ferienhaus oder -wohnung, sofern die Ausrüstung dem rauen Nordseeklima gewachsen ist. Viele Plätze bieten auch Mietwohnwagen und/oder Ferienapartments an. Eine Übersicht bietet der Flyer „nordsee* Camping" des Nordsee-Tourismus-Service (siehe S. 104, auch als Download) und die Internetseite des Verbands der Campingunternehmer Schleswig-Holstein e. V. (VCSH), www.vcsh.de. Letzterer gibt ausführliche Informationen sowie detaillierte Prospekte zu den Campingplätzen [VCSH, Kiefernweg 14, 23829 Wittenborn, Tel. 04554-705 65 33, info@vcsh.de].

Fahrrad

Wer die Küste radelnd entdecken möchte, kann das Fahrrad getrost zu Hause lassen. In allen größeren Ferienorten gibt es Verleihstationen, meist mit Liefer- und Abholservice, bei denen Kindersitze, -fahrräder sowie Anhänger erhältlich sind. Manche Vermieter verleihen auch kostenlos Räder oder sind bei der Organisation behilflich. Ein Standardrad

kostet um € 5/Tag, Kinderfahrräder um € 3,50. Praktisch: In fast allen Zügen, Bussen und Schiffen an der Küste dürfen Fahrräder mitgenommen werden.

Gepäckservice

Wenn sich Papa im Zug oder am Flughafen nicht mit allen Koffern abmühen möchte, empfiehlt sich der Gepäckservice z. B. von DHL. Bei Abgabe in einer Postfiliale zahlt man deutschlandweit pro Stück (max. 31,5 kg) € 13,90/€ 12,90 (Online-Preis). Die Abholung von zu Hause kostet € 3 mehr pro Koffer, der Aufpreis entfällt ab vier Sendungen (weitere Infos: www.dhl.de). Nach 2 bzw. 3-4 (Inseln und Halligen) Werktagen ab Abholtag wird Ihr Gepäck an Ihre Ferienadresse zugestellt. Die Deutsche Bahn bietet in Zusammenarbeit mit Hermes den gleichen Service, den Sie beim Kauf einer Fahrkarte mitordern können [www.

Trotz Gegenwind: Verkehrsmittel Nummer eins an der Küste ist das Fahrrad

bahn.de, www.hermes.de. Pro Stück bis 25 kg € 13,80, Inselzuschlag je € 7, Abholung € 3 extra]. Wer nach Föhr und Amrum reist und sein Auto auf dem Inselparkplatz in Dagebüll stehen lässt, wird ab 6 Uhr morgens mit kostenlosen Busshuttles auf die etwa 500 Meter entfernte Mole gebracht. Amrum-Urlaubern hilft der **Amrumer Reisegepäck-Service**: Er übernimmt den Gepäcktransport von Haus zu Haus (€ 16/Stück bis 31,5 kg) wie auch die Abholung von der Wittdüner Mole und Zustellung an die Urlaubsadresse (Wittdün und Nebel € 10, Norddorf € 15) bzw. umgekehrt (Mittelstr. 9, 25946 Wittdün, Tel. 04682-22 11, Amrumer-Reisegepaeck-Service@online.de, www.amrum-service.de).

Kinderprogramme

Watterkundungen, Märchen, Clowns, Bastelnachmittage … – die „Gäste von morgen" erwartet in den Ferienorten ein vielversprechendes Programm. Ob Mini-Maxi-Club in Büsum, Kinderspielhaus in St. Peter-Ording, Kinnerstuv auf Pellworm oder die Kinderclubs auf Sylt – überall lässt man sich etwas einfallen, um dem Nachwuchs unvergessliche Ferien zu bieten. Und dann gibt's noch die Kinderangebote in Naturzentren, Museen & Co. Mama und Papa dürfen derweil abschalten – oder selbst mitmischen. Über alle Veranstaltungen informieren die örtlichen Tourist-Infos.

Klima und Reisezeit

Milde Winter und kühle Sommer sowie geringe Temperaturunterschiede zwischen Tag und Nacht zeichnen das gesunde Seeklima an der Nordseeküste aus. Allerdings weht stets eine mehr oder minder steife Brise, die auch mal Windstärken von 7 bis 10 erreichen kann. Für Allergiker und Menschen mit Atemwegsbeschwerden verspricht die salz-, jod- und aerosolhaltige Luft mit niedrigem Allergengehalt Linderung, zudem werden der Stoffwechsel und das Herz-Kreislauf-System gestärkt. Am meisten Sonnenschein bieten die Monate Mai bis August, doch auch im Herbst kann man mit einigen schönen Tage rechnen, zumal sich das Meer noch nicht abgekühlt hat.

Kurabgabe/Gästekarte

In den Badeorten an der Küste und auf den Inseln wird von Urlaubern ab 18 Jahren eine Kurabgabe erhoben. In der Hauptsaison sind das ca. € 2-3 pro Person und Tag je nach Gemeinde. Dafür erhalten Sie eine Kur- oder Gästekarte, die z. B. freien Strandzutritt, kostenlose Kinderprogramme, Ermäßigungen in

Die Kurabgabe ermöglicht saubere Strände – wie hier in St. Peter-Ording

Klimatabelle: St. Peter-Ording

	Jan	Feb	März	Apr	Mai	Juni	Juli	Aug	Sept	Okt	Nov	Dez
Wassertemperaturen in °C	1	1	3	7	12	16	18	18	15	11	6	3
Lufttemperaturen/Tag (in °C)/Nacht	2 2	3 -2	6 0	10 3	15 7	18 11	19 13	20 13	17 11	13 7	8 3	4 0
Sonnenschein (in Std.) täglich	1	2	4	6	8	8	7	7	5	3	2	1
Niederschlag (Tage/Monat)	12	8	8	9	8	8	11	12	12	12	14	13

Museen, Schwimmbädern etc. gewährt. Die meisten Ferienorte erkennen die Gästekarten der Nachbargemeinden an.

Medizinische Versorgung

Westküstenklinikum Heide, Es-marchstr. 50, 25746 Heide, Tel. 0481-78 50, Kinderklinik Tel. 785 19 63, info@wkk-hei.de, www.wkk-online.de. Einzige Klinik für Kinder- und Jugendmedizin an der Nordsee-küste.

Westküstenklinik Brunsbüttel, Delbrückstr. 2, 25541 Brunsbüttel, Tel. 04852-98 00, Pädiatrische Praxis Tel. 91 91, info@wkk-bru.de, www.wkk-online.de. Mit Kinderarztpraxis.

Klinik Husum, Erichsenweg 16, Tel. 04841-66 00, husum@klinikum-nf.de, www.klinikum-nf.de

Klinik Tönning, Selckstr. 13, 25832 Tönning, Tel. 04861-61 10, toenning @klinikum-nf.de, www.klinikum-nf.de

Klinik Niebüll, Gather Landstr. 75, 25899 Niebüll, Tel. 04661-150, niebuell@klinikum-nf.de, www.klinikum-nf.de

Inselklinik Föhr-Amrum, Rebbelstieg 24, 25938 Wyk, Tel. 04681-480, wyk@klinikum-nf.de, www.klinikum-nf.de

Asklepios Nordseeklinik Westerland GmbH, Norderstr. 81, 25980 Wester-land, Tel. 04651-840, sylt@asklepios.com, www.asklepios.com

Paracelsus Nordseeklinik Helgoland, Invasorenpfad 1040, 27498 Helgo-land, Tel. 04725-80 30, helgoland@pk-mx.de, www.paracelsus-kliniken.de Unter www.kvsh.de finden Sie alle Medizinischen Versorgungszentren in Schleswig-Holstein.

Notrufe

Polizei: 110
Feuerwehr/Rettungsdienst: 112
Sperrung von EC-/Kreditkarten: 11 61 16

Öffnungszeiten

Vor allem die großen Supermarktketten öffnen durchgehend, wochentags oft bis 20 Uhr, Sa bis 18/20 Uhr. Nach der bisherigen Bäderverordnung können Sie mancherorts auch an Sonn- und einigen Feiertagen einkaufen. Kleinere Läden, Postämter und Banken haben in der Regel eine Mittagspause von 12/13 bis 13.30/14 Uhr und schließen gegen 18 Uhr, samstags gegen 12.30 Uhr, Banken sind meist mittwochnachmittags und samstags geschlossen. Nicht in jedem Ort finden Sie eine Postfiliale, oft wird der (eingeschränkte) Service von Kiosken o. Ä. angeboten. Bei dringenden Sendungen sollte man sich auf den Inseln vorab nach den Abgabe- und Zustellungszeiten erkundigen.

Schiffsausflüge

Klar, dass zu einem echten Nordseeurlaub auch ein Ausflug per Schiff gehört. Das Angebot ist groß, Informationen, Fahrpläne und Tickets erhalten Sie bei den Tourist-Infos, bei den Reedereien bzw. am Anleger und auf den Schiffen.

Tiere

Nicht alle Vermieter sind angetan, wenn Sie Ihren Vierbeiner mitbringen wollen. Erkundigen Sie sich vorab nach einem eventuellen Aufschlag. Am Wattenmeer, im Vorland, auf beweideten Deichen und in geschützten Dünenbereichen müssen Hunde zum Schutz der Schafe, brütenden Vögel und wild lebenden Tiere angeleint sein. Am Strand besteht ebenso Anleinpflicht, fast überall gibt es Hundestrände abseits der zentralen Badezonen. Doch auch hier müssen Hunde oft an der Leine bleiben, Informationen dazu geben die Kurverwaltungen. Der **Strandfinder** auf der Homepage des Nordsee-Tourismus-Service (siehe S. 104) zeigt alle Hundestrände an.

Unterkünfte

Achten Sie in den Gastgeberverzeichnissen der Tourist-Infos (siehe S. 104) auf das Icon „Kinderplus" (ein lachendes Bärengesicht): Den so ausgezeichneten Vermietern wird vom Tourismusverband Schleswig-Holstein besondere Familientauglichkeit bescheinigt. Im Folgenden acht Unterkünfte, die bestens auf Kinder eingestellt sind. Wenn nicht anders angegeben, beziehen sich die Preise auf 7 Tage in der Hauptsaison für 2 Erw. und 2 Kinder.

Büsumer Deichhausen

Schäferei Rolfs
Viel mehr als Trecker fahren und Tiere streicheln können Kinder in der Schäferei Rolfs. In den Kursen der „Jahreszeitenwerkstatt" erleben sie – und ihre Eltern – den Bauernhof hautnah, vom Brotbacken bis zur Gemüseernte. Bei Regen geht's in die Spielscheune. 11 Ferienwohnungen für bis zu 5 Pers. mit Balkon/Terrasse, Ferienhaus für bis zu 8 Pers., Kleinkindausstattung, kostenloses Reitprogramm, Hofcafé, Hofladen. *Fam. Rolfs, Marschenweg 26, 25761 Büsumer Deichhausen, Tel. 04834-65 45, info@schaeferei-rolfs.de, www. schaeferei-rolfs.de. Ferienwohnung € 462-497, Haus € 644, Kinderkurs ca. € 8.*

Helgoland

Auf der Bade-Düne Helgolands (siehe S. 20) stehen in der Nähe des Fähran-

legers einfache Holzhütten mit Wohn-
raum, Küchenzeile mit 2er-Kochplatte
und Schlafraum. Töpfe, Geschirr, WCs
und Duschen gibt's im Gemeinschafts-
gebäude. Wer's komfortabler wünscht,
bucht ein Ferienhaus (43-55 qm) am
Nordstrand mit Dusche/WC, Fernseher,
Küche, Babybetten, Hochstühlen – Kinder unter 14 J. frei.
*Helgoland Touristik, Tel. 04725-81 12
51, bungalow@helgoland.de, www.hel
goland.de. Mai-Mitte Okt: Holzhütte
(2 Pers.) 1. Tag € 72, Folgetag € 46,
zusätzl. Pers. ab 14 J. € 8, Bettwäsche
€ 8/Bett. April-Okt: Ferienhaus (2
Pers.) 1. Tag ab € 145, Folgetag € 100,
zusätzl. Pers. ab 14 J. € 10.*

St. Peter-Ording
Hauberg Sattlerhof Pension
Idyllisch liegt der reetgedeckte Sattlerhof
am Rand von St. Peter-Dorf. Dort leben
auch Ponys, Katzen, Kaninchen und
Hühner. Die elf Zimmer (3 EZ und 8
DZ) sind gemütlich ausgestattet, vier
Doppelzimmer eignen sich als Fami-
lienzimmer mit angrenzendem Raum
für bis zu drei Kinder. Die ehemalige
Scheune beherbergt die schnuckeligen
Ferienwohnungen Luv und Lee für bis
zu 5 Bewohner.
*Hans-Joachim Legewie, Wittendüner
Allee 61, 25826 St. Peter-Ording,
Tel. 04863-41 17, sattlerhof-st.peter-
ording@t-online.de, www.Pension-
Sattlerhof.de. Zimmerpreise gestaffelt,
7 Nächte pro Pers. inkl. Frühstücks-
buffet: EZ € 259, DZ € 231, Kind
im EZ/DZ bis 3 J. € 56, 4-9 J. € 112,
10-14 J. € 161. Ferienwohnung € 525,
Frühstück/Tag: Erw. € 6,50, Kinder
(3-9/10-14 J.) €2,50/5,50.*

Tetenbüll
Kantorhof
Der Kantorhof im Herzen Eiderstedts
thront auf einer Warft. Vier Wohnungen
für 3-6 Pers. und ein kleiner Campingplatz stehen zur Wahl. Für die Kleinen
gibt's neben Spielzimmer und -garten,
Ponyreiten, zahlreichen Tieren von
Kühen bis zum Hängebauchschwein
auch Kurse rund ums Bauernhofjahr.
Die Großen können Wellnessangebote
wie Massagen oder Yoga buchen.
*Anita Kröger, Kantorsweg 6, 25882
Tetenbüll, Tel. 04862-81 40, anita.
kroeger@t-online.de, www.kantorhof-
urlaub.de. Ferienwohnung € 385-465,
Camping € 17/Stellplatz.*

Friedrichstadt
Hofcafé und Heuherberge Mildterhof
Auf dem Mildterhof in Seeth warten 40
Schlafplätze in kuscheligen Heuboxen
(für 2, 4-5 und 10 Pers.) – auch für

*Den Schafen ganz nah kommt man
bei Ferien in einer Schäferei*

Bauernhof- und Reiterferien

Für Kinder ist ein Bauernhofurlaub das Paradies. Neben den genannten finden Sie alle Ferienhöfe der Region in dem kostenlosen Katalog **Urlaub auf dem Bauernhof**, *erhältlich bei der Tourismus-Agentur Schleswig-Holstein (siehe S. 104) oder bei der u. g. Adresse. Auf der Homepage www. bauernhof-erlebnis.de können Sie gezielt nach den Gastgebern der Wunschregion suchen. Unter www.komm-zum-reiten. de findet man speziell Höfe, die Reiterferien für Kinder bieten. Arbeitsgemeinschaft „Urlaub auf dem Bauernhof" e. V., Am Kamp 15-17, 22768 Rendsburg, Tel. 04331-945 35 82, info@ bauernhof-erlebnis.de.*

Allergiker. Für Zelte und Wohnmobile ist ebenso Platz. Am Morgen gibt's Frühstück, für die übrigen Mahlzeiten stehen Küche, Grillplatz und Hofcafé zur Verfügung. Auf dem Naturspielplatz mit Wasserpumpe, auf dem Barfußpfad oder bei den Tieren wird's dem Nachwuchs garantiert nicht langweilig.
Fam. Liegmann, 25840 Friedrichstadt/Gemeinde Seeth, Tel. 04881-78 16, info@heuherberge-mildterhof. de, www.heuherberge-mildterhof.de. Herberge April-Okt, Übernachtung im Heu oder Zelt inkl. Frühstück pro Nacht: Erw. € 16, Kinder 6-12 J. € 12, 4-5 J. 10 €, unter 4 J. frei. Barfußgar-

ten Mai-Aug tgl. 14-18 Uhr, Erw. € 5, Kinder 9-12 J. € 4, 4-8 J. € 3.

Erlebnis-Camp Oster-Ohrstedt
In Oster-Ohrstedt, 14 km östlich von Husum, gerät die Nordsee zur Nebensache, denn hier gibt es (fast) alles, was aktive Eltern und Kinder brauchen: ein riesiges Gelände mit Streichelzoo, Ponyreiten, Wiese mit Teich und Steg, Hüpfburg, Trampolin, Kletterhalle, Kanuverleih. Übernachtet wird in Hotelzimmern (6 DZ, davon 3 Familienzimmer für bis zu 2 Kinder und 3 Mehrbettzimmer mit 8-12 Betten) oder in weißen Pyramidenzelten (bis zu 10 Betten). Kinder bis 3 J. frei, Halbpension im hauseigenen Restaurant-Café möglich. *Monika Fricke, Holzweg 7, 25885 Oster-Ohrstedt, Tel. 04847-80 95 13, info@erlebnispur.de, www. erlebnispur.de. DZ/Familienzimmer € 385-553, Zelt und Mehrbettzimmer Erw. € 154, Kinder bis 14 J. € 119, jeweils inkl. Frühstück, Familienwoche mit HP u. Freizeitangeboten 2 Erw., 1 Kind € 690, 1 Erw., 1 Kind € 357, jedes weitere € 70.*

Pellworm
Hotel garni Kiek ut
Das Frühstücksbuffet des Vier-Sterne-Hotels wird auch wählerischen Nachwuchs in Schlemmerlaune versetzen. Nur ein paar Schritte sind es zur Badestelle am grünen Deich, und der 10.000 Quadratmeter große Garten lädt zum Sonnenbaden ein. Der Spielplatz mit Trampolin ist ebenso ein Hit wie die beiden Ponys, die geritten und gestriegelt werden dürfen. Golffans freuen sich über das Putting- und Pitching-Green,

und auch die Kleinen haben Spaß, wenn's zum Golfen ins Watt geht. Bei Bedarf wird eine Kinderbetreuung organisiert. Das Hotel verfügt über 2 Einzel- und 17 Doppelzimmer sowie 4 Studios mit Küchenzeile. Kinder bis 4 J. sind frei, die Halbpension (€ 11/Pers. u. Tag, Kinder n. V.) im Gasthaus Hooger Fähre nebenan kann zugebucht werden.

Kirsten u. Stephan Schuldt, Hooger Fähre 6, 25849 Pellworm, Tel: 04844-90 90, info@nordsee-hotel-pellworm.de, www.nordsee-hotel-pellworm.de. EZ € 371, DZ € 560-616, Studio € 658-686, jeweils inkl. Frühstück; der Aufschlag für Kinder ab 5 J. wird individuell vereinbart!

Sylt

Barbian Family House
Die kleine Luxusherberge unter Reet liegt inmitten eines Gartens mit „Burg"

und Badeteich. Eltern finden hier Entspannung, denn ihre Zwerge (4 Mon.-6 J.) werden von 8.30 bis 16.30 Uhr betreut, Verpflegung inklusive. Abends gibt es einen Babyfon- oder Babysitterservice. Beim wöchentlichen Family-Dinner dürfen Mama und Papa abschalten, der Nachwuchs vergnügt sich in der „baby & kids lounge". Morgens steht schon ab 7 Uhr Frühstück bereit, besondere Ernährungswünsche werden berücksichtigt. 7 Suiten für 2 Erw. und bis zu 3 Kinder, kleinkindgerecht ausgestattet, Pantry, Privatterrasse, zum Teil Sauna und Kamin.

Marita u. Guido Barbian, Süderstr. 64a, 25980 Keitum/Sylt, Tel. 04651-995 91 59, info@barbian-family-house, www. barbian-family-house.de. Suite (2 Erw.) € 1995-2485, Kinder 0-3 Mon. € 105, 4 Mon.-6 J. € 350, 7-11 J. € 280, ab 12 J. € 420.

Urlaub auf dem Bauernhof ist ein erholsames Abenteuer für Stadtbewohner

Einkaufen & Mitbringsel

Um den urlaubstäglichen Einkauf muss man sich an der Nordseeküste keine Gedanken machen. Vor allem im Bauernland Dithmarschen stehen an den Straßen zahlreiche Obst- und Gemüsestände. Nicht zu vergessen die zahlreichen Hofläden, die neben Erzeugnissen aus Garten und Feld auch Wurst, Schinken, Käse, selbst gemachte Marmeladen, Säfte und Liköre offerieren. Auch Schäfereien haben oft einen Hofverkauf, bei dem man alle Produkte von den knuffigen Vierbeinern, von der Wolle bis zur Wurst, bekommt (siehe S. 15 und Kasten rechts).

In manchen Häfen kann man zum Teil direkt vom Schiff fangfrische Krabben und Fische kaufen, Fischgeschäfte bieten Räucherware, die sich luftdicht verpackt auch als Mitbringsel eignet. Achten Sie beim Einkauf auf das Qualitätszeichen „Uthlande". Die Fleisch- und Wurstwaren z. B. stammen ausschließlich von Tieren, die auf den Halligen und

Salzwiesenlamm & Co

*Im Hofladen der **Außendeich-schäferei Baumbach** bekommt man alles von Frischfleisch über Schinken bis zur Bratwurst, dazu Schafs- und Ziegenkäse, Felle, Wolle, Seife. Das Fleisch stammt nicht nur von der Schafherde, sondern auch von Gallowayrindern und zählt zu den Uthlande-Produkten (siehe links). Die Schäferei lädt auch zur Besichtigung ein, z. B. während der Nordfriesischen Lammtage (siehe S. 115) mit allerhand Aktionen. Pohnshalligkoogstr. 1, 25845 Nordstrand, Tel. 04842-495, info@lammfleisch.de, www.lammfleisch.de. Jan-Mitte April tgl. 9-16, Mitte April-Okt Mo-Fr 8-18, Sa/So 10.30-18 Uhr.*

Bernstein: das wertvollste Strandgut an der Nordseeküste

Inseln geboren und aufgewachsen sind. Auch Geschäfte auf dem Festland führen die streng kontrollierte Produktpalette, die zudem Obst und Gemüse, Milch, Käse, Eier und Honig umfasst.

Kunsthandwerk

Beliebtes Mitbringsel aus dem Nordseeurlaub ist Handgemachtes aus den zahlreichen Töpfereien oder Handwebereien. In den Werkstätten wie der **Nordstrander Töpferei** (siehe S. 65) gibt es an schöner Gebrauchskeramik alles, was auch Daheimgebliebene erfreut, von

der Vase bis zum kompletten Service –
manchmal kann man den Künstlern
bei der Arbeit zuschauen (siehe S. 78).
Wer den Handwebern über die Schulter
gucken möchte, kann das z. B. in der
Museumsweberei in Meldorf (siehe
S. 41) oder auf Eiderstedt in der **Spinn-
WebKate** von Angelika Rölke, bei der
man sogar mal am Webstuhl arbeiten
darf. Die Unikate – Schals, Geschirrtü-
cher, Tischdecken, Tischläufer oder Tep-
piche – kann man natürlich auch kaufen
[Nickelswarft 2, 25836 Poppenbüll, Tel.
04865-275, roelkerolf@hotmail.com,
www.spinnwebkate.de. Juli-Anf. Sep
Weben oder Filzen für Erw. u. Kinder
€ 5, Termine im Veranstaltungskalender
der Tourist-Infos].
Das besondere Licht und die Landschaft
inspirierten nicht nur Emil Nolde, auch
heutzutage haben viele bildende Künstler auf den Inseln und an der Küste ihre
Ateliers. Hier gibt's viel zu gucken und
zu kaufen. Zumeist bekommt man bei
den Tourist-Infos einen Flyer zu Galerien und Kunsthandwerkern der Region.

Schmucke Steine

Wer sich – oder seiner bzw. seinem
Liebsten – etwas Besonderes gönnen
möchte, ist bei den Goldschmieden
der Region in besten Händen. Manche
Künstler verarbeiten die bunten Steine,
die von der Nordsee an den Strand
gespült werden, zu erlesenen Stücken,
wie etwa **Inger Ludwig** den roten Feuerstein von Helgoland [Bude 31, Hafenstr.
1011, 27498 Helgoland, Tel. 04725-64 09
91, BUDE31@t-online.de, www.bude31-
helgoland.de]. Der kostbare Bernstein,
der manchmal nach schweren Stürmen
an den Stränden zu finden ist, spielt eine
Sonderrolle. Auf Föhr befindet sich der
größte „Bernstein-Zoo" der Welt: Über
400 verschiedene, in filigraner Hand-
arbeit gefertigte Tiere kann man bei
Uwe Petersen besichtigen, der zudem
in seiner **Bernsteintruhe** den manchmal
gelb, weiß, blau oder rot schimmernden
Naturbernstein zum Selbstschleifen und
Schleifenlassen bietet [Bernstein-Zoo,
Große Str. 28, Tel. 04681-741 22 87;
Bernsteintruhe, Sandwall 54, 25938 Wyk,
Tel. 04681-746 22 03, uwebernstein@
aol.com, www.uwebernstein.de]. Eine
weitere gute Adresse ist das Meldorfer
BernsteinZimmer mit einer großen
Kollektion sowie Schleifkursen für
Kinder und Erwachsene [Nordschmuck,
Zingelstr. 39, 25704 Meldorf, Tel. 04832-
52 40, info@nordschmuck.de, www.
nordschmuck.de].

Weihnachtsschmuck

*Im historischen Laden des
Husumer **Weihnachtshauses**
kann man das ganze Jahr über
in Adventskalendern, seltenem
Baumschmuck, handgeschnitz-
ten Krippenfiguren und Büchern
rund ums Weihnachtsfest
stöbern. Weihnachtsbäume mit
historischem Schmuck u. a. sind
im angeschlossenen Museum
zu bewundern. Nordbahnhofstr.
2, 25813 Husum, Tel. 04841-835
20, wunschzettel@weihnachts
haus.info, www.weihnachts
haus.info. April-Mitte Jan 11-17,
Mitte Feb-März 14-17 Uhr,
Erw. € 2,50, Kinder (6-14 J.) € 1,
Fam. € 7, Laden frei.*

Festkalender

An der Nordseeküste werden das ganze Jahr über Feste gefeiert, die zum Teil ihren Ursprung in uralten Bräuchen und Traditionen haben. Nicht umsonst ist man stolz auf die wechselvolle Geschichte, die von Sturmfluten und mühevoller Landgewinnung, der gefahrenreichen Seefahrt und dem Kampf der Bauern um ihre Rechte geprägt ist. Die gemeinhin als unterkühlt geltenden Nordlichter verstehen sich durchaus aufs Feiern – und dabei geht es manchmal sehr „sportlich" zu. Ein Spaß ist das Eierwerfen zu Ostern: „Eike, puleike, kom hial weler deel!" (Eichen, Popeichen, komm heil wieder runter!), rufen etwa die kleine Föhrer und Amrumer, wenn sie auf den Feldern ihre Ostereier in die Luft werfen. Mancherorts wird auch eine Art Boccia mit Eiern gespielt, Gäste willkommen. Die traditionelle Ringreit-Saison, begleitet von Festumzügen und Märkten, beginnt im Mai/Juni: Im Galopp versuchen Reiter, mit einer Stange kleine Ringe zu stechen, die an einem Galgen befestigt sind – Mutige können an den Gästeturnieren teilnehmen. Im Juli/August bieten viele Orte Gästeboßeln an, bei dem Urlauber Gelegenheit haben, in den „Heimatsport" hineinzuschnuppern: Beim Spaziergang mit Bollerwagen versuchen je zwei Mannschaften abwechselnd, eine mit Blei gefüllte Kugel so weit wie möglich nach vorn zu kegeln. Nicht zu vergessen das Klootstockspringen auf Eiderstedt: Dabei schwingt man sich an einem Holzstab, dem Klootstock, über die zwischen den Feldern verlaufenden Wassergräben. Früher, als es nicht viele

befestigte Wege gab, war dies eine ganz alltägliche Art, sich in der Marsch fortzubewegen.

Im Folgenden finden sich familienfreundliche Termine, bei denen Groß und Klein auf ihre Kosten kommen. Ein Hinweis für Liebhaber klassischer Musik: Im Rahmen des **Schleswig-Holstein Musik Festivals** werden auch Konzerte in Brunsbüttel, Friedrichstadt, Heide, Marne, Meldorf, Niebüll und auf Föhr gegeben, allerdings meist am Abend, wenn die Kleinen schon im Bett sind [Info und Tickets: Kartenzentrale des Schleswig-Holstein Musik Festivals, Postfach 3840, 24037 Kiel, Tel. 0431-57 04 70, bestellung@shmf.de, www.shmf.de].

Quatsch im Matsch

Unter dem Motto „Schmutziger Sport für eine saubere Sache" findet seit 2004 an einem Sommerwochenende die **Wattolümpiade** *in Brunsbüttel statt. Wattleten ringen in skurrilen Wattkämpfen wie Aalstaffellauf, Wattfußball und Fischtennis um olümpisches Edelmetall – und tun gleichzeitig Gutes. Die Erlöse fließen der Schleswig-Holsteinischen Krebsgesellschaft zu. Für die Kids gibt's Hüpfburg, Spielmobil und Kistenstapeln, und wer mag, darf mit den Eltern auch ins Watt zum Mitma(ts)chen – Jugend trainiert für Olümpia! Wattolümpiade e. V., Tel. 04855-89 18 20, mail@wattoluempia.de, www.wattoluempia.de.*

Februar: Biikebrennen

Alljährlich erweckt man am 21. Februar vor allem auf den Inseln und Halligen eine alte friesische Tradition zum Leben: Weihnachtsbäume, Stroh und Strandgut werden auf großen Holzstößen (Biike) verbrannt. Damit wird der Winterabschied gefeiert und mit heißem Punsch begossen. Im Mittelalter verabschiedete man mit dem Biikefeuer die Walfänger, die nach der Winterpause zu ihrer riskanten Fahrt aufbrachen.

März/April: Krokusse und Ostereier

In Husum verwandelt sich im Frühling der Schlosspark in einen lilafarbenen Krokusteppich und wird mit einem großen Fest samt Wahl der Krokusblütenkönigin gefeiert.

Pellworm wird um Ostern herum fast zwei Wochen lang zu einer bunten Osterwiese mit allerhand Spaß für die Lütten: Osterhasen backen, Kinderschminken, Sackhüpfen, Besuch bei Schafen und Lämmern, Bernstein schleifen ... Am Ostersamstag warten rund 10.000 Ostereier darauf, gefunden zu werden [www.pellworm.de].

Mai: Nordfriesische Lammtage

Von Mai bis Juli dreht sich in Nordfriesland alles ums Schaf – immerhin die zweitstärkste „Bevölkerungsgruppe" der Region. Bauernmärkte mit Schafschur und Streichellämmern, Führungen z. B. in der Friesischen Schafskäserei (siehe Kasten S. 16) und Schlemmereien wie das Lammgrillen im Hallig-Krog (siehe S. 59) bieten für alle etwas [www.lammtage.de].

Juli: Heider Marktfrieden

Alle zwei Jahre (2012, 2014 ...) steht die Dithmarscher Kreisstadt im Bann des Heider Marktfriedens, der an die Zeit erinnert, als Heide zentraler Versammlungsort der „Bauernrepublik" Dithmarschen wurde (siehe S. 39). Dann herrscht hier vier Tage lang ein mittelalterliches Markttreiben mit Festumzügen und vielen Aufführungen, alter Handwerkskunst, Viehmarkt, Schaustellern, Gauklern, Musikanten und Tänzern [www.heide.de].

Juli: Kitesurf World Cup

Beim größten Kite-Event der Welt zeigen die Stars der Szene atemberaubende Tricks auf dem Wasser, und nebenbei wird am Ordinger Strand ein riesiges Unterhaltungsprogramm geboten [www.kitesurfworldcup.de].

August: Drachenfestival

Im August strahlt der Himmel über St. Peter-Ording nicht blau, sondern bunt. Rund um das dreitägige Drachenevent gibt es allerhand zu gucken, und die

Scheiterhaufen beim Biikebrennen

Kids können in diversen Zelten spielen, Drachen bauen oder Geschichten hören [www.drachenfestival-spo.de].

August: Husumer Hafentage

Fünf Tage lang herrscht rund um den Husumer Hafen ein lustiges Treiben mit Riesenrad, Märchenzelt, Hüpfburg & Co. Dazu Spielmannszüge, diverse Bands und unzählige Stände mit Kitsch, Kunsthandwerk und Kulinarischem [www. husum-tourismus.de].

September: Pole Poppenspäler Tage

Das Internationale Figurentheater-Festival in Husum lässt mit rund 60 Veranstaltungen eine Woche lang die Herzen aller Puppenspielfans höherschlagen. Spielorte der Stücke für Kinder (ab 3 J.)

Die Cracks auf den Brettern messen sich beim Surf World Cup auf Sylt

und Erwachsene sind u. a. das Schloss vor Husum und das NordseeMuseum [www.pole-poppenspäler.de. Kindertheater (morgens u. nachmittags) Erw. ab € 8, Kinder ab € 4,50, Abendveranstaltungen Erw. € 12,50-26, Jugendl. € 9-22].

September: Dithmarscher Kohltage

Das größte zusammenhängende Kohlanbaugebiet Europas feiert den „offiziellen" Anschnitt der vitaminhaltigen Köpfe mit Märkten, Ausstellungen, Konzerten, Bastelaktionen u. a. in Brunsbüttel, Friedrichskoog, Heide, Meldorf, Marne und Wesselburen. Dazu kann man allerhand Köstliches wie Kohlbrot oder Kohleis probieren [www.kohltage-dithmarschen.de].

September/Oktober: Surf World Cup

Das Weltmeisterschaftsfinale der Windsurf-Profis lockt jährlich rund 200.000 Zuschauer an den Brandenburger Strand in Westerland. In der „ Boxengasse" können Fans ihre Idole hautnah erleben und neuste Materialtrends bewundern. Rund um die Promenade lockt das Rahmenprogramm mit Surfsimulator, Testcenter, Beachpartys & Co [www. windsurfworldcup.de].

November/Dezember: Weihnachtsmärkte

Im Advent lohnen die Weihnachtsmärkte z. B. in Husum, Heide, im Tönninger Packhaus (siehe S. 50) und in Friedrichstadt. Am 26. Dezember stürzen sich beim Westerländer Weihnachtsbaden unerschrockene Schwimmer in die Nordsee [www.sylt.de].

Flora & Fauna

Raritäten: Wald, Heide, Moor

Der Westen Schleswig-Holsteins zeigt
sich heute, mit Ausnahme des Watten-
meers, als eine von Menschenhand
geformte Kulturlandschaft. Der Waldan-
teil liegt bei unter vier Prozent, damit ist
die Nordseeküste eine der waldärmsten
Regionen Deutschlands. Ursprüngliche
Eichenmischwälder sind kaum noch
zu finden, der Riesewohld westlich von
Albersdorf bildet da eine Ausnahme. Zu
den raren naturnahen Gebieten zählen
auch die artenreichen Knicks (Wallhe-
cken) der Geest, die vor rund 200 Jahren
als Begrenzung der Felder und Weiden
angelegt wurden. Die noch vorhandenen
Heideflächen gehen vor allem auf die
landwirtschaftliche Übernutzung der
nährstoffarmen Geest zurück, wie etwa
die Braderuper Heide auf Sylt (siehe
S. 84) oder die Bordelumer und Langen-
horner Heide nördlich von Bredstedt.
Natürliche atlantische Heiden, die durch
Dünenbewuchs entstehen, kommen an
den Westküsten Amrums und Sylts vor.
Vereinzelt gibt es noch Moore wie das
Weiße Moor bei Neuenkirchen, das einzige erhaltene Hochmoor in der Marsch,
wo Wollgras und Moosbeere gedeihen.

Vielfalt: Wattenmeer

An der Küste wartet dagegen eine Naturlandschaft, die einzigartig ist: das
Wattenmeer. Das hat auch die UNESCO
erkannt und das ca. 10.000 Quadratkilometer große Gebiet, von dem rund 4.400
Quadratkilometer zum Nationalpark
Schleswig-Holsteinisches Wattenmeer
gehören, 2009 zum Weltnaturerbe

*Hallig- oder Strandflieder lässt im
Sommer die Salzwiesen lila leuchten*

erklärt. Eine mit rund 10.000 Jahren
verhältnismäßig junge Landschaft, die
durch Wind, Wellen, Gezeiten und
Sturmfluten ständig ihr Gesicht ändert.
Zweimal am Tag zieht sich die Nordsee
zurück und gibt den Meeresboden frei.
Diese besonderen Umstände schaffen
Lebensräume für rund 10.000 Arten von
Einzellern, Pilzen, Pflanzen und Tieren.

Salzwiesen und Dünen

Bis heute lässt sich am Wattenmeer die
natürliche Dynamik des Verlandungs-
prozesses erkennen, der vor Tausenden
von Jahren die Marsch entstehen ließ.
Salzwiesen, die man z. B. auf der Hamburger Hallig (siehe S. 58) erleben kann,
entstehen durch Schlickablagerungen
vor dem Deich. Je nach Entfernung zum
Meer werden sie mehr oder weniger oft
überspült und weisen eine besondere
Vegetation auf: Salzwiesenpflanzen wie
Queller, Andelgras, Strandaster oder
Halligflieder kann Salzwasser nichts
anhaben. Rund 1.800 Arten von Insek-

ten, Milben, Spinnen und Würmern haben die amphibische Landschaft für sich entdeckt, 250 sind nur hier heimisch.

Eine andere Form der „Landbildung" ist an den West- und Südständen der Geestkerninseln und bei St. Peter-Ording erkennbar. Ständig wird Sand an- und weggespült, trockene Sandkörner vom Westwind weggetragen. Ein Produkt der Sandaufwehung sind Dünen, die in Spülsaumnähe z. B. von der salztoleranten Salzmiere besiedelt werden. Auf den dahinter liegenden älteren Dünen wachsen Strandhafer oder -roggen, die mehr Halt geben. An der Grenze zum Hinterland finden sich Graudünen mit Flechten, Dünenrosen und Sträuchern wie Krähenbeere sowie Braundünen mit Heidesträuchern, Sanddorn oder Kriechweide. Dünen und Salzwiesen sind wichtige Brut- und Rastgebiete für Küstenvögel und dürfen nur auf ausgewiesenen Wegen betreten werden.

Auf dem Meeresboden

Fast eine halbe Million Mikroalgen bevölkert im Sommer einen Quadratzentimeter Wattoberfläche: Nahrungsgrundlage für zahlreiche Lebewesen. Etwa die Wattwürmer, berühmt für ihre spaghettiartigen Hinterlassenschaften: Sie filtern den Schlick oder Sand und pflügen dabei die obere Bodenschicht um. Weichtiere wie Sandklaff-, Herz-, Miesmuschel, Rote Bohnen sind zu finden, zudem Watt-, Strand-, Pantoffel- und Wellhornschnecken. Wattwanderer werden Bekanntschaft mit dem Schlickkrebs machen, den man „knistern" hört, sofern es still ist: Wenn er seine Antennen spreizt, platzen dazwischen Wasserhäutchen. Etwas größer ist die Nordseegarnele, die vor allem in Form von Krabbenbrötchen bekannt ist. Wenn sie nicht vorher von der Strandkrabbe geschnappt wurde, die auch „Dwarslöper" (Querläufer) heißt, weil sie am schnellsten ist, wenn sie seitwärts läuft.

Zwei gefiederte Wattbewohner: Strandläufer und Kiebitz

Aug in Aug
mit Meister Adebar

Bergenhusen, ca. 17 km östlich von Friedrichstadt (siehe S. 47), ist bekannt als Storchendorf: Rund 15 Weißstorchenpaare brüten hier jährlich und ziehen ihre Jungen groß. Im **Besucherzentrum** *kann man den Nestbetrieb per Webcam verfolgen. Die Ausstellung zeigt Wissenswertes rund um den Großvogel sowie die Fauna und Flora der Eider-Treene-Sorge-Niederung. Goosstroot 1, 24861 Bergenhusen, Tel. 04885-570, Michael-Otto-Institut@NABU.de, www.bergenhusen.NABU.de. Mitte März-Mitte Sep ("Storchensaison") tgl. 10-18 Uhr, Erw. € 2, Kinder (4-16 J.) € 1, Fam. € 5.*

Überall: Vögel

Bei Ebbe ergibt sich eine üppige Tafel für rund 10 Millionen Wat- und Wasservögel. Die meisten kommen im Frühling oder Herbst, um zu rasten und sich Reserven für den Weiterflug anzufressen. So legen etwa 50.000 Ringelgänse Ende April auf den Halligen einen Stopp ein, bevor sie die ca. 5.000 Kilometer lange Reise in ihre Brutgebiete an der Eismeerküste antreten. Auch Knutt, Alpenstrandläufer, Pfuhlschnepfe, Kiebitzregenpfeifer oder der Große Brachvogel sind häufige Gäste. Im Sommer ziehen rund 200.000 Brandgänse in die Wattflächen rund um die Insel Trischen bei Friedrichskoog, um ihr Federkleid

zu wechseln. Viele Vögel brüten auch an der Küste, wie die Lachmöwe, die ganzjährig anzutreffen und an ihrem weißen Federkleid und dem dunklen Köpfchen zu erkennen ist. Auch die Silbermöwe mit ihren grauen Schwingen ist an der Nordsee nicht wegzudenken. Der am häufigsten anzutreffende Watvogel ist der schwarze Austernfischer mit weißem Bauch und langem rötlichen Schnabel.

Im Wasser

Rund 70 Fischarten leben an der Nordseeküste, einige halten sich bei Ebbe auch in den Prielen auf, wie Grundeln, Aalmuttern und Plattfische. Für Scholle, Hering oder Hornhecht ist das nährstoffreiche Wattenmeer „Kinderstube", erst nach etwa einem Jahr ziehen die Jungfische weiter. Der Fischreichtum erfreut nicht nur Angler (siehe S. 123), sondern rund 10.000 Seehunde. Nachdem sie fast ausgestorben waren, bevölkern heute auch wieder Kegelrobben das Wattenmeer. Wer mehr über sie erfahren möchte, sollte der Seehundstation Friedrichskoog einen Besuch abstatten (siehe S. 32), mit dem Verein Jordsand eine Führung zur Kegelrobbenkolonie auf der helgoländischen Düne (siehe S. 21) oder eine Schiffsfahrt zu den Seehundsbänken in Begleitung von Nationalpark-Rangern unternehmen (siehe S. 95). Auch Schweinswale sind im Wattenmeer westlich von Sylt und Amrum, ausgewiesen als Walschutzgebiet, heimisch.

Mehr über das Wattenmeer, den Nationalpark und den Naturschutz erfährt man bei der Nationalparkverwaltung in Tönning: www.nationalpark-wattenmeer.de, Info-Tel. 04861-962 00.

Geschichte

Schleswig-Holstein ist ein junges Land, entstanden vor etwa 200.000 Jahren, als gewaltige Eismassen Schutt und Geröll aus Skandinavien vor sich herschoben. Dabei bildete sich die Geest, abgeleitet vom Friesischen „güst" für unfruchtbar. Die Marschen entwickelten sich sehr viel später durch Sedimentationsprozesse im Watt (seit ca. 6000 Jahren). 60.000-90.000 Jahre alte Feuersteinabschläge aus Schalkholz belegen, dass schon in der Eiszeit Neandertaler in Schleswig-Holstein lebten. Um ca. 11.000 v. Chr., gegen Ende der Weichsel-Eiszeit, durchstreiften altsteinzeitliche Menschen nachweislich das Gebiet. Diese Sammler und Jäger folgten großen Rentierherden auf weiten Wanderrouten.

Jäger, Bauern und Handwerker

Um 4000 v. Chr. werden die Nomaden sesshaft und beginnen mit Ackerbau und Viehzucht. Von einer dauerhaften Besiedelung und Ausbildung gemeinschaftlicher Strukturen zeugen zahlreiche jung- und bronzezeitliche Megalithanlagen wie die Stein- und Hügelgräber aus der Zeit um 3000 v. Chr., wie sie heute z. B. in Albersdorf (siehe S. 86) oder auf Sylt (siehe S. 84) zu bestaunen sind. Bald bilden sich neue „Berufsgruppen": Handwerker fertigen Waffen, Werkzeuge und Schmuck nicht mehr aus Feuerstein und Holz, sondern aus Bronze – das benötigte Kupfer und Zinn tauschen Händler im Mittelmeerraum gegen das „Gold der Nordsee", den Bernstein ein. Bald erlernt man die Kunst der Eisenver-

> ### „Tausendteufelswarft"
> *Bei Hemmingstedt erhebt sich die **Dusenddüwelswarf**: Das Denkmal mit dem wuchtigen Findling erinnert an die Schlacht am 17. Februar 1500, als die Dithmarscher die Schwarze Garde des dänischen Königs schlugen. Die Bauern hatten zuvor die Siele in der Marsch geöffnet, sodass das Landsknechtheer auf matschigem Grund nicht operieren konnte. Kinder begeistern die kleinen Schaukästen nebenan, in denen Szenen der Schlacht dargestellt werden.*

hüttung, für die das heimische Sumpfeisenerz verwendet wird (um 700 v. Chr.). Um die Zeitenwende beginnen die großen Völkerwanderungen: Teutonen in Begleitung von Kimbern und Ambronen ziehen um 100 v. Chr. gen Süden, wo es zu blutigen Zusammenstößen mit den Römern kommt, die es danach vorziehen, den Nordmännern keinen weiteren Besuch mehr abzustatten. Rund 500 Jahre später fallen Jüten, Angeln und Sachsen in Großbritannien ein und hinterlassen nördlich der Elbe große Siedlungslücken. Ab dem 7./8. Jh. ziehen Jüten und Dänen in den nördlichen Teil Schleswig-Holsteins, Sachsen in den Südwesten und Slawen in den Südosten.

Kampf gegen den Blanken Hans

Während die Sachsen die Marsch Dithmarschens besetzen, kommen Friesen von der südlichen Nordseeküste nach Helgoland und in die unbewohnten Uthlande (Außenlande), damals eine Moor- und Marschlandschaft vor der nordfriesischen Geest. Um sich vor Sturmfluten zu schützen, errichten die Siedler Hügel und niedrige Deiche. Wann genau der Meeresspiegel so weit ansteigt, dass die aus dem Vorland herausragenden Geestkerne sich in die Inseln Amrum, Sylt und Föhr verwandeln, ist nicht geklärt. Nach der Marcellusflut, der „Großen Mandränke" 1362, beginnt man, dem Meer durch planmäßigen Deichbau Land abzuringen. Doch viele dieser Bemühungen macht die Burchardiflut, die 1634 unter anderem die Insel Alt-Nordstrand zerstört, zunichte.

Schleswig und Holstein

Unterdessen bauen die Dänen (auch Wikinger genannt) zum Schutz gegen die Sachsen das Danewerk bei Schleswig und gründen Haithabu, das sich bis zu seiner Zerstörung 1066 zum bedeutenden Handelszentrum entwickelt. Um 800 n. Chr. starten die Franken unter Kaiser Karl dem Großen mit der Unterwerfung und Christianisierung der Sachsen. Sie dringen bis nach Holstein vor, wo sie von den Wikingern unter Dänenkönig Göttrik gestoppt werden. In den Friedensverhandlungen wird die Eider als Grenze zwischen Schleswig und Holstein festgelegt, die bis 1864 besteht. In Schleswig herrschen die Dänen, während Holstein Teil des

Haithabu, die einstige Wikingermetropole, ist heute Freilichtmuseum

Frankenreichs bzw. später des Heiligen Römischen Reichs ist. Doch damit kehrt keine Ruhe ein. Die nächsten Jahrhunderte sind bestimmt durch Versuche, die Landesteile unter dem einen oder anderen Machthaber zu vereinen. 1440 erlangen – nach langen Streitigkeiten – die Grafen von Schauenburg und Holstein das Herzogtum Schleswig als Lehen vom dänischen König. Nach dem Tod des letzten Schauenburgers 1460 fällt Holstein als Reichslehen an Dänemark, sodass die Landesteile formal unter der dänischen Krone vereinigt sind. Innerlich bleibt das Land zersplittert in Adelsherrschaften. Mit Ausnahme Dithmarschens: Hier hat sich seit dem

14. Jh. eine „Bauernrepublik" auf der Basis der Kirchspiele und Geschlechterverbände der großen Bauernfamilien entwickelt. Erst 1559 gelingt es den Dänen, die freiheitsliebenden Dithmarscher zu unterwerfen. In den nächsten 400 Jahren scheitern Bestrebungen vor allem der Gottorfer Herzöge mit Stammsitz Schleswig, die Unabhängigkeit von Dänemark zu erlangen.

Nationale Bewegung und Kriege

Der aufkommende Nationalismus macht auch vor dem „Land zwischen den Meeren" nicht halt. Die „Schleswig-Holsteinische Frage" um die Zugehörigkeit Schleswigs wird schließlich im Deutsch-Dänischen Krieg 1864 mit einem Sieg Preußens über die Dänen entschieden. Schleswig-Holstein erfährt als preußische Provinz einen Aufschwung nicht zuletzt durch die Einweihung des Nord-Ostsee-Kanals (1895). Zeitgleich lässt Kaiser Wihelm II. Helgoland zu einem Kriegshafen ausbauen. Ab 1935 erweitern die Nationalsozialisten diese Seefestung. Davon bekommen die Engländer Wind und werfen im April 1945 rund 7.000 Bomben über dem roten Fels ab, der damit unbewohnbar ist. Nach dem Ende des „Tausendjährigen Reichs" liegt auch auf dem Festland viel in Schutt und Asche. Auf Helgoland sprengen die Briten 1947 die Militäranlagen zum Großteil, wobei das Mittelland entsteht. 1952 wird die bis dato als Bombenabwurfplatz genutzte Insel zurückgegeben. Heute zählt die Westküste Schleswig-Holsteins mit den nordfriesischen Inseln und Helgoland zu den beliebtesten Urlaubsregionen Deutschlands.

Bauernalltag

*Das älteste Freilichtmuseum Deutschlands (1899) steht mitten in Husum. Im **Ostenfelder Bauernhaus**, einem niederdeutschen Flachhallenhaus, ist zu sehen, wie die Bauern an der Westküste um 1600 lebten und arbeiteten: Familie und Gesinde wohnte auf engem Raum zusammen, alle Aufgaben waren genau verteilt. Der kostbare Abendmahlsschrank (1642), die Döns (Wohnstube) mit ihrer kunstvoll geschnitzten Alkovenwand und der repräsentative Pesel (Festraum) lassen den einstigen Wohlstand erahnen. Nordhusumer Str. 13, 25813 Husum, Tel. 04841-25 45. April-Okt Di, Mi, Do 13.30-17 Uhr, Erw. 2,50, Kinder € 2.*

Sport

Am Strand liegen, die Seele baumeln lassen, einfach mal nichts tun – für viele ist das der Inbegriff des Urlaubs, vor allem wenn man mit Kindern unterwegs ist. Doch lange hält das an der Nordseeküste kaum jemand aus, dafür ist das Angebot einfach zu groß: Schwimmen, radeln, wandern, Fußball und Volleyball spielen kann man fast überall, mancherorts sogar reiten, golfen, surfen oder kiten.

Angeln

Flüsse, Sielzüge, Speicherbecken und natürlich die Nordsee: Angler finden an der Westküste Schleswig-Holsteins ein großes Revier. Abenteuerlich ist das Hochseeangeln von Dorsch und Makrele, Angelkutter starten z. B. von Büsum und Helgoland aus. Ebenfalls eher etwas für erfahrene Angler ist das Brandungsangeln direkt am Flutsaum, wobei mit Glück am Ende Aale, Schollen oder Flundern am Haken zappeln. Wer es ruhiger mag, versucht sein Glück in der Eider-Treene-Sorge-Region mit Hechten, Zandern, Barschen oder gar Lachsen. Gastangler erhalten gegen Vorlage eines gültigen Bundesfischereischeins eine nach Dauer gestaffelte Angelerlaubnis [ca. € 6/Tag, ca. € 15/Woche]. Infos über Reviere und Ausgabestellen: *Kreissportfischerverband Dithmarschen (KSFV)*, Horst Eichert, Tel. *04802-542, info@kreissportfischerverband-dithmarschen.de, www.kreissportfischerverband-dithmarschen.de* *Kreisanglerverband Nordfriesland e.V.*, Jürgen Töllner, Tel. *04881-71 93, www.kav-nf.de*

Gelegenheiten für ein Päuschen mit Meerblick gibt es unzählige

Fahrradfahren und Wandern

Für Touren zu Fuß oder per Rad ist die Nordseeküste ideal: weitestgehend flach, gut ausgebaute Wege und dazu die faszinierende Landschaft. Wattwanderungen (siehe S. 68 und Kästen S. 65 u. 92) und Spaziergänge stehen natürlich hoch im Kurs, Radler rollen gern die Deiche entlang. Bei starkem Wind kann das ziemlich anstrengend sein, aber es gibt ja noch die Radwege im Hinterland, wie die Grenzroute oder den Eider-Treene-Sorge-Radweg. Der Nordsee-Tourismus-Service (siehe S. 104) verschickt z. B. die Broschüre „radfahren* nordsee" mit Streckenvorschlägen sowie Infos zum 350 km langen schleswig-holsteinischen Teil des Nordseeküsten-Radwegs. Wer eine längere Tour plant, sollte sich bei der Tourismus-Agentur Schleswig-Holstein (siehe S. 104) das Verzeichnis „übernachten*" des Allgemeinen Deutschen Fahrrad-Clubs mit radlerfreundlichen Unterkünften besorgen. Auch auf der ADFC-Seite www.bettundbike.de kann man gezielt danach suchen.

Golf

An der Nordseeküste kommen Golffans voll auf ihre Kosten, auch wenn – oder gerade weil – der tückische Wind manchmal den kleinen, weißen Ball geradewegs in einen Bunker oder ein Wasserhindernis treibt. Die nördlichsten Golfplätze liegen auf Sylt – vier der insgesamt zwölf Greens an der Westküste. Viele bieten Probestunden, Schnupper- oder Einsteigerkurse an, auch für Kinder ab ca. 6 Jahren. Eine Liste aller Plätze bekommen Sie bei der Tourismus-Agentur Schleswig-Holstein (siehe S. 104).

Reiten

Pferdebegeisterte können auf dem Festland, den Halligen oder Inseln ihrer Leidenschaft nachgehen. Ein besonderes Erlebnis ist der Ritt am Strand (siehe auch S. 25 u. S. 66). Manche Höfe bieten für Kids (ab 8-9 J.) sogar Reiterferien ohne Eltern an (siehe S. 110). Aber auch

Pferdefans sollten sich einen Ritt durchs Watt nicht entgehen lassen

wer Stunden nehmen, voltigieren lernen oder einfach mal auf einem Ponyrücken sitzen möchte, findet eine Vielzahl von Angeboten. Eine Übersicht bietet der Flyer „Reiten und Reiterhöfe" des Nordsee-Tourismus-Service (siehe S. 104).

Schwimmen/Beachsport

Bei warmen Temperaturen lockt natürlich ein erfrischendes Bad in der Nordsee. Zudem bieten sich am Ufer unzählige Sportmöglichkeiten von der Strandgymnastik über -spiele bis zum Beachsoccer und -volleyball. Ein Highlight sind jedes Jahr im Juli die Beachvolleyball-Masters im Rahmen der „smart beach tour". Wenn das Wetter nicht mitspielt, gibt es in allen Ferienorten Erlebnis- und Freizeitbäder, die das ganze Jahr über Badespaß garantieren.

Surfen & Co.

Überflüssig zu erwähnen, dass die Nordsee ein Dorado für Surfer, Kiter und (Katamaran-)Segler ist. Nicht von ungefähr sind Sylt und St. Peter-Ording Austragungsort internationaler Surf- und Kite-Wettbewerbe (siehe S. 115 u. S. 116) – hier türmen sich die Wellen manchmal meterhoch. Nicht ganz so wild geht's z. B. an den Stränden von Föhr oder Büsum zu. Die meisten Wassersportschulen geben Surf- und manchmal auch Segelkurse für Kids (ab 6 J., siehe Kapitel Strände), dazu Unterricht für Erwachsene, Materialverleih und die Möglichkeit zur Lagerung der Ausrüstung am Strand. Beliebt ist auch das sogenannte SUP (Stand-up-Paddling): Auf dem Surfboard stehend, kämpft man mit einem Paddel gegen die Wellen an. Eine Besonderheit bietet der Strand von

Fußballferien

*Ballverrückten Mädels und Jungs (7-15 J.) auf **Pellworm** zeigt Ex-Profi Massimo Mariotti von Borussia Dortmund fünf Tage lang Tricks und Finten (Jörg Ketelsen, Tel. 04844-473, j.ketelsen@freenet.de, Matthias Hagenhoff, Tel. 04844-12 20, hagenhoff@onlinehome. de, TSV Pellworm e. V., Junkersmitteldeich 7, 25849 Pellworm, www.tsv-pellworm. de. € 150). Beim **Fußball-Camp St. Peter-Ording** haben Nachwuchskicker (8-16 J.) die Wahl: Entweder übernachten sie im Trainingslager (1 Woche € 375) oder nehmen nur am Tagesprogramm (ca. 8.30-21 Uhr, € 300) teil. Ehemalige Bundesligaspieler weihen in Einzeltechnik und Taktik ein (Fußball-Camp, Campus-Nordsee-„Weidenhaus", Zum Karpfenteich 5, 25826 St. Peter-Ording, Tel. 04863-36 83, www. fussballcamp-spo.de).*

St. Peter-Ording: Hier können sich alle ab 1,50 m in einen Kitebuggy setzen und über die riesige, ebene Sandfläche flitzen [Kitebuggyfahrschule St. Peter-Ording, Böhler Landstr. 23, 25826 St. Peter-Ording, Tel. 0170-383 27 48, info@ buggyfahrschule.de, www.buggyfahr schule.de. Schnupperkurs (4 Std.) € 89]. Die hier zu bestaunenden Strandsegler gehören den Mitgliedern des Yacht Clubs St. Peter-Ording. Ein Erlebnis für

Zuschauer sind auch die zahlreichen Wettkämpfe, die auf der Regattastrecke bei St. Peter-Bad ausgetragen werden (Termine im Veranstaltungskalender).

Wasserwandern

An der Westküste warten über 100 Flüsschen und Auen auf Kanuten und Kajakfahrer. Besonders reizvoll ist die Flusslandschaft Eider-Treene-Sorge, über die z. B. die Tourist-Info Friedrich-stadt (siehe S. 48) oder die **Eider-Treene-Sorge GmbH** [Eiderstr. 5, 24803 Erfde, Tel. 04333-99 24 90, info@eider-treene-sorge.de, www.eider-treene-sorge.de] informiert. Kanus sowie Vorschläge zu Touren, die auch an einem Tag zu schaffen sind, bekommt man z. B. bei **Nord Kanu** [Gerd Menz, Am Lagedeich 25, 25813 Husum, Tel. 04841-743 52, Menz@ Nordkanu.de, www.nordkanu.de. € 21/ Tag bei Start an einer Kanustation] mit Stationen an Eider, Treene und Sorge.

Strandsegeln

Einmal mit der Kraft des Windes über den Strand gleiten? In den Kinderstrand-segelwagen des Nordwind Wassersport e. V. können sogar Zwerge (ab 7 J.) den eleganten Sport auf dem Ordinger Strand ausprobieren. Für die Großen gibt's auch Kurse. Zentrale, Neu-Revensdorf 2, 24214 Lindau, Tel. 04346-59 55, info@nordwind-wassersport.de, www.nordwind-wassersport.de. Kinderstrandsegelkurs (3-4 Std.) ca. € 89.

Verlag: COMPANIONS GmbH,
Rödingsmarkt 9, 20459 Hamburg,
Tel. 040-306 04-600,
Fax 040-306 04-690,
E-Mail: info@companions.de,
Internet: www.companions.de

Autorin: Kerstin Gonsior
Lektorat: Ulrike Frühwald
Schlusskorrektur: Diana Wagner

Titelgestaltung und Layout:
Cornelia Prott

Druck und Bindung:
DZA Druckerei zu Altenburg GmbH

Die Autorin dankt Stefan Puschmann,
Sonja Pagel-Wolff, Birte Taisie, Michael
Eigenwillig und Monika Hecker.

Bildnachweis:
Titelfoto: Fotolia.com/drubig-photo
Kerstin Gonsior S. 2, 3 unten, 6, 18, 31,
32, 34, 36, 37, 38, 39, 48, 49, 50, 51, 52,
53, 55, 56, 59, 61, 62, 63, 64, 67, 86, 87,
88, 92, 94, 109, 111, 117, Erlebniszentrum Naturgewalten Sylt S. 3 oben, 100,
ProjectPhotos S. 5, pixelio.de/gabriele-Planthaber S. 9, 102, Cornelia Prott S.
10, Fotolia.com/Doc RaBe S. 11, 105,
Fotolia.com/ K. Zernecke S. 13, MEV
Verlag S. 14, pixelio.de/salmontwins S.
15, Tourismus-Zentrale St. Peter-Ording
S.17, 23, pixelio.de/Jörg Trampert S. 19,
pixelio/Brandtmarke S. 21, sxc/missxyz
S. 24, pixelio.de/x-ray-andi S. 25, 27, 69,
pixelio/Andreas Bender S. 26, pixelio.
de/Uwe-Weber S. 29, pixelio.de/Karl-Heinz Peters S. 30, pixelio.de/jul S. 40,
Fotolia.com/mirubi S. 43, Fotolia.com /
Immo Schiller S. 44, pixelio.de/Sven-L.
S. 46, pixelio.de/sprisi S. 60, pixelio.de/
Markus-Weber S. 70, pixelio.de/Echino
S. 71, 74, Fotolia.com/oriwo S. 73, Museum Kunst der Westküste S. 74, pixelio.
de/SVP-BTL S. 78, pixelio.de/Karl-Heinz-Peters S. 80, pixelio.de/Andreas-Locke S. 83, Kur und Tourismus Service
Büsum S. 85, 89, NABU Naturzentrum
Katinger Watt S. 90, Land & Leute
Freizeitgelände GmbH S. 93, pixelio.de/
magicpen S. 95, Fotolia.com/ChantalS
S. 96, pixelio.de/Doris Rennekamp S.
97, InselCircus Mignon S. 98, Fotolia.
com/drubig-photo S. 101, pixelio.de/
Hans-Peter-Dehn S. 106, 115, pixelio.de/
Templermeister S. 112, 118, pixelio.de/
Klaus-Steves S. 116, pixelio.de/Domino
S. 121, pixelio.de/Heike-Dreisbach S. 123,
pixelio.de/Hermes S. 124

Karte: Karthographiebüro Jochen Fischer

ISBN: 978-3-89740-666-7